Wir wärn uns schon
durschwärschn.
Freundlichst
Doris und Jürgen Stark 17/8/91

Claus P. Müller-Thurau

Die Sachsen kommen

Ein Psychogramm der
neuen Macher

Rasch und Röhring Verlag

CIP-Titelaufnahme der Deutschen Bibliothek

Müller-Thurau, Claus P.:
Die Sachsen kommen: ein Psychogramm der neuen Macher/
Claus P. Müller-Thurau. –
Hamburg: Rasch und Röhring, 1991
ISBN 3-89136-314-1

Schutzumschlaggestaltung: Studio Reisenberger
Satzherstellung: KCS GmbH, Buchholz/Hamburg
Druck- und Bindearbeiten: May & Co., Darmstadt
Printed in Germany

MACHER

»Frieh macht er los, denn er macht off Arweet. Dort macht er ran, daß er zeitch Middach machen kann. Ahms macht er heeme, dann macht er een droff, oder er macht ins Bette.«

Jürgen Hart,
Leipziger Kabarettist

Inhalt

Horschema! 11

Vom Fremdeln 13
Najezwärzawwerdichdchhichlich! 18
Leipzig-ein-und-Leipzig 30
Der Sachse als solcher 48
Die Protestanten 57
Wo Braxis Deorie besiecht 63
Vom Aphrotittchen geküßt 74

Sachsen über Sachsen 81

Der Mann auf der Straße: Frithjof Stuckatz 83
Der Staatsminister: Arnold Vaats 86
Der Manager: Gerd Schwarze 91
Der »feindlich-negative« Schriftsteller: Erich Loest 95

Weiß-Grün 99

Die eierlegende Wollmilchsau 104
Die Sachsen kommen: Prognose und Bewährung 117

Sächsisches Allerhand von A bis Z 119

Albrechtsburg: das sächsische Herz 120
Andreasabend: Pragmatiker im Glauben 121
Aurora von Königsmarck: La Saxe galante 122
Der Brühl: eine Legende 124
Brühl: »Dem verdanken wir die Madonna« 126
Dresden: die Fähigkeit zu trauern 127
Duodezfürsten: Auch Zwerge haben einmal klein angefangen 129
Erzgebirge: Weihnachtsland 129
Fontane: die Sachsen 133
Freistaat: selbstbewußt 134
Friedrich: der Weise 134
Gaumenfreuden: Sachsen auf der Zunge 136
Gewandhausorchester: Kulturträger ersten Ranges 137
Helden: Fehlanzeige? 138
Kaffee(sachse): »Siesse mussr sein« 139
Karl May: Balsam für die Seele 140
Meißen: die Urzelle 142
Meissen: friedliche Schwerter 143
Minna von Barnhelm: »Ei, ei, aus Sachsen!« 145
Moritz von Sachsen: »scharfer Bluthund« 146
Mundartlandschaften: ’s reschnt oder ’s rahnt 149
Prinzenraub: Frevel zu Altenburg 151
Reisen: Wo du auch hinkommst . . . 152
Sächsinnen: gägge Meisel 154
Sächsischer Doppelkopf: Rivalen 156
Schwarze Blattern: Ein Kuß macht Geschichte 160
Selbstmordrate: ein Vergleich 162
Semperoper: Dresdens Ruf in der Welt 164
Sixtinische Madonna: Biedät 165

Sorben: -itz, -witz, -litz 167
Spitzenklöppeln: zart und kostbar 170
Vogtland: Schleierherren und Geigenbauer 171
Wein: das Kellerkind aus dem Elbtal 173
Zwinger: »berückende Vision« 175

Allerlei Sächsisch: Huck-auf-die-Magd und Moohdschegiebchen 177

Anhang

Test: Haben Sie Sachs-Appeal? 187
Historische Orientierung 195
Anmerkungen 201
Literatur 204
Personenregister 205

Horschema!

Mit Witzen ist nicht nur zu spaßen. Also: »Sagen Sie mal einen Satz mit Gänsefleisch – aber einen, der zum Thema paßt ... – Ganz einfach: Gänse fleisch mal Iehrn Gofferraum aufmachn!« Doch der »Gampf des revolutionärn Broledariats« ist vorbei und – »Se wärn entschuldchen« – die Zeit der dummen Witze auch. Ohne die Sachsen gäbe es keine Einheit in Freiheit.

Das ist nicht alles, denn diese wahrhaft deutschen demokratischen Republikaner sind mit vielen wirtschaftlichen, wissenschaftlichen, künstlerischen und historischen Potenzen ausgestattet. Wie äußerte sich kürzlich der oberste Kartellwächter Wolfgang Kartte, ein Mann, der immerhin für seine Argusaugen bekannt ist? »Wir müssen aufpassen, sonst fressen uns die Sachsen in fünf Jahren kalt zum Frühstück.« Aber logger.

Und wie sehen die Sachsen selbst ihre Zukunft? »Mir sin wie Vitriol. Mir gommen überall durch.«

Vom Fremdeln

»Neben den Menschen gibt es noch Sachsen und Amerikaner, aber die haben wir noch nicht und bekommen Zoologie erst in der nächsten Klasse.«
Kurt Tucholsky

Jeder Mensch ist in gewisser Hinsicht wie alle anderen Menschen. Er ist offen für den Erwerb mehrerer von mindestens 2796 existierenden Sprachen und Dialekten, sucht den Anschluß an die Horde und gibt – wenn er in Bedrängnis gerät – Adrenalin in die Blutbahn ab.
Jeder Mensch ist in gewisser Hinsicht jedoch auch wie kein anderer Mensch. Sein »genetischer Fingerabdruck« weist ihn als einzig unter Milliarden aus – ganz abgesehen von der komplexen Wechselwirkung zwischen Anlagen und Erfahrungen, die ihn allemal zum einmaligen Individuum macht.
In gewisser Hinsicht ist jeder Mensch aber auch wie viele andere Menschen. Er hat Merkmale und Eigenschaften, die für eine mehr oder weniger große Zahl typisch sind oder immerhin dafür gehalten werden. Ob Mann oder Frau, Deutscher oder Japaner, Stier oder Skorpion – seit jeher müssen sich Menschen aufgrund von Zugehörigkeiten oder Zuordnungen recht verwegene Aussagen und Voraussagen über ihre Art des Fühlens, Denkens und Handelns gefallen lassen.
Vor allem unter Stämmen, Völkern und Nationen wird die Frage nach den Unterschieden traditionsgemäß faustgrob

beantwortet. Bei den Griechen galt jeder, der nicht griechisch sprach, als »Barbaros« – eine Etikettierung, die in der Menschheitsgeschichte so manchem Gemetzel geistig den Weg bereitete. Auf der gegenüberliegenden Seite des Globus sah es nicht anders aus: So bezeichneten sich zum Beispiel Mitglieder des Sioux-Stammes mit dem Wort »Dakotah« (die Verbündeten), während sie von den bösen Nachbarn »Nadowessioux« (kleine Schlange, Feind) genannt wurden. Später übernahmen dann die Europäer den zweiten Teil des Namens zur Bezeichnung der Ureinwohner.

Natürlich wurde jenen, die unverständliche und damit also abwegige Laute von sich gaben, auch sonst noch alles mögliche angehängt. Die Syphilis war für die Franzosen lange Zeit eine »englische Krankheit«, während die Engländer ihrerseits über Generationen (gemeinsam mit den Deutschen) von »französischen Pocken« sprachen. Daneben tauchten in Europa noch Bezeichnungen wie »spanische Gicht«, »morbo gallico« und »neapolitanische« beziehungsweise »korinthische Krankheit« auf. Eine Lustseuche, das war schon beizeiten abgemacht, geht immer von Leuten aus, die nicht auf dem eigenen Niveau des Menschentums stehen.

Einstweilen sind die stereotypen Vorstellungen über andere Völker und Stämme zwar in der Regel für die Betroffenen nicht mehr lebensgefährlich, aber an der Neigung zur schrecklichen Vereinfachung hat sich wenig geändert. Ein Ire, wird da etwa behauptet, schiebe zehn schöne Frauen beiseite, nur um an ein Glas Bier zu gelangen.

Welche Charaktereigenschaft hier nun wirklich angesprochen wird (ist der Ire ein gutfunktionierender Säufer oder nur besonders wählerisch?), bleibt ganz gewiß umstritten.

Eines erhellen die oftmals deftigen Witze – besonders beliebt mit der typischen Einleitung: »Ein Schotte, ein Russe und ein Deutscher treffen sich . . .« – aber schon: Sie zeichnen grobe Porträts, deren Schrägheit nur komisch finden kann, wer sie in der Tendenz bejaht. Das Lachen der einen über die anderen setzt eben ein geheimes Einverständnis mit dem jeweiligen psychodiagnostischen Befund voraus, den der Witz unter die Leute bringt.

Etwa wie hier: Ein Fabrikarbeiter will einen Kinderwagen basteln und klaut über Monate in seinem Betrieb das Material dazu. An einem Wochenende baut er alles zusammen. Nach ein paar Stunden geht er zu seiner Frau und klagt: »Wie ich es auch zusammensetze, es wird immer ein Maschinengewehr.« Dieser Witz kursierte einst in den USA, und natürlich stammt der von einschlägigen Wiederholungszwängen geplagte Arbeiter aus Deutschland.

Bei allen Vorbehalten gegenüber Psychogrammen, wie sie in Volksgruppenwitzen weitergegeben werden, soll doch unbestritten bleiben, daß es überpersönliche Merkmale und Besonderheiten gibt. Die bereits im 19. Jahrhundert begründete Völkerpsychologie machte es sich in diesem Sinne zur Aufgabe, die an das Gemeinschaftsleben gebundenen »höheren psychischen Vorgänge und Entwicklungen« zu erforschen. Herder und Hegel sprachen in diesem Zusammenhang von der Wissenschaft vom »Volksgeist«, der in Sprache, Religion, Mythos, Kunst, Rechtsordnung und Brauchtum seinen objektiven Ausdruck findet.

Der Nutzen solcher Bemühungen liegt zunächst einmal darin, daß der Blick auf das Anderssein nicht mehr unbedingt zum bösen Blick wird. Abneigung und Haß wurzeln schließlich in der Fremdheit zwischen den einzelnen Gruppen und der Verständnislosigkeit gegenüber Sprache,

Geschichte und Kultur der anderen. Diktaturen, die ihre Macht immer auch über Feindbilder abzustützen suchen, haben deshalb zu allen Zeiten Kontaktsperren verordnet und zugleich ihre Untertanen aufgerufen, sich selbstgefällig als Nabel der Welt anzusehen. Das tut der Seele gut und macht deshalb vielen Spaß, wird aber wie jedes frivole Vergnügen am Ende meist teuer bezahlt.
Das Bemühen um Einblicke und Einsichten in fremde Mentalitäten hat aber auch eine ganz alltägliche und praktische Seite: Wer beispielsweise davon gehört hat, daß es auf japanischen Bahnhöfen spezielle Bedienstete gibt, die mit den Titeln »ehrenwerter Hineinschieber« (oshiya-san) beziehungsweise »ehrenwerter Herauszieher« (hagitoriya-san) angesprochen werden, der mag erahnen, welche Rolle bei den Asiaten die Höflichkeit spielt, und sich darauf in seinem Verhalten einstellen.
Und das ist es ja: »Die Pflanze gleicht den eigensinnigen Menschen, von denen man alles erhalten kann, wenn man sie nach ihrer Art behandelt.« Unser Dichterfürst, der sich nach eigener Aussage immerhin als »Kollektivwesen« mit dem Namen Goethe verstand, besteht auf dem »Eigensinn« des einzelnen und erinnert zugleich an das aus dem römischen Recht stammende »Do ut des«, jenes »Ich gebe, damit (auch) du gibst«. Wer wollte sich dem verweigern? Offenbar gibt es aber nicht wenige, die dies dennoch tun, und manche unter ihnen wollen trotzig-pauschal von den anderen nichts wissen. Freiwillig würde sie nie nach Leipzig fahren, aber immer nach Mailand, sagte die Frankfurter Kulturdezernentin Linda Reisch kurz vor der Vereinigung. Und sie nennt auch den Grund ihrer Abstinenz: Mit der DDR »fremdele« sie eben mehr als mit jedem anderen Land der Welt.

Aber da seien die Psychoanalytiker vor, die das Fremdeln zu Recht als eine Übergangsphase beschreiben, die es bald zu überwinden gelte. Urvertrauen oder Urmißtrauen – das ist die Frage. Das Kleinkind findet in der Regel die Antwort dadurch, daß es erst vorsichtig-furchtsam, dann aber zunehmend neugierig und offenherzig auf die sich ihm anbietenden sozialen Kontakte reagiert. Mailand mag ja Flair haben – aber Berührungsängste führen dazu, daß die eigene Welt beschränkt bleibt. Angst kommt schließlich von »angustiae«, und das bedeutete ursprünglich Enge. Aber selbst wenn keine Berührungsangst, sondern nur Gleichgültigkeit im Spiel ist: Vive la différence! Es sind nicht immer nur die Gemeinsamkeiten, sondern häufig auch die aneinander erkannten Unterschiede, die bewirken, daß Menschen auf ein Du und Du zu stehen kommen.

Welch treffliche Gründe also, einmal zu »beschnarschen«, was für Sachsen »diebsch« ist. Denn bald sind sie wieder überall. Vor allem da, wo ihr Landsmann Adam Riese wieder geschätzt und beherzigt wird. Mit wem also dürfen wir rechnen?

Najezwärzawwerdichdchhichlich!

»Sächsischer Dialekt in der freien Marktwirtschaft? Undenkbar! Nehmen Sie Sprechunterricht.«
Anzeige in der Dresdner Tageszeitung »Die Union«

»Wer Mensch sagt, sagt Sprache.« Altvater Sigmund Freud meint damit, daß wir im Geleise der Sprache fühlen, denken und handeln. Was das konkret heißt, verdeutlicht die Geschichte von jenem Kleinbauern in der Oberlausitz, dessen Tochter als Dienstmädchen in die Stadt gegangen war. Mitten in der Heuernte kam sie das erste Mal zu Besuch, und sie tat sehr vornehm und städtisch und schien überdies ihre sorbische Sprache völlig vergessen zu haben.

Auf Wunsch des Vaters ging sie mit auf die Wiese und fragte dort, auf eine Harke zeigend: »Was ist das für ein Ding?« Doch ehe der mißvergnügte Vater ihr muttersprachlich auf die Sprünge helfen konnte, trat sie versehentlich auf die Harke, und der Stiel schlug ihr mitten ins Gesicht. Wütend rief sie: »Zaklate hrabje!« Das Töchterchen konnte wieder Sorbisch.

Wir fühlen und denken im Geleise der Sprache – oder, besser: der Spreche. Das Klangbild der Wörter ruft die entscheidenden Resonanzen in den Tiefenschichten der Seele hervor und weniger das Lesebild. Dies gilt ganz besonders für das Sächsische, denn hier sind die Lese- und Schriftbilder für den Uneingeweihten so verständlich wie das Illyrische.

»Najezwärzawwerdichdchhichlich!« Wie bitte? Ja – man

muß ihn schon gehört haben, jenen Reisenden aus Grimma, wie er beim Anblick der Alpen staunend seine Eindrücke auf den erlösenden Begriff bringt. Der Ton liegt auf dem ersten, der Nebenton auf dem zweiten i. Alles klar? Alles klar: »Man versteht die holden Laute überhaupt nur, wenn man sie sich selbst laut vorliest.«

Diesen Rat gibt der Berliner Kurt Tucholsky, und der ist womöglich ironisch gemeint, denn wenn man Nicht-Sachsen befragt, ist freilich von »hold« überhaupt nicht die Rede. Nach einer – zwar schon etwas älteren – Repräsentativumfrage des Instituts für Werbepsychologie und Markterkundung in Frankfurt a. M. ist das Hamburger Platt der weitaus beliebteste Dialekt in Deutschland. Nach Kölsch, Bayrisch, Berlinisch, Schwäbisch und Hessisch folgt weit abgeschlagen an letzter Stelle das Sächsische.[1]

Dieses Gefälle ist vor allem deshalb merkwürdig, weil sich doch gerade in Sachsen, dem Kernland der Reformation, die wichtigsten Anstöße zur Entwicklung einer deutschen Hochsprache herausbildeten. Johann Christoph Gottsched, Gelehrter und Senior der »Deutschübenden Poetischen Gesellschaft«, machte den Leipziger Sprachgebrauch zur Grundlage der modernen deutschen Schriftsprache. Und der junge Goethe – »ach neiche, du Schmerzensreiche« – wurde 1765 nach Leipzig geschickt, um dort nicht zuletzt »wohlklingendes, zierliches Hochdeutsch« zu lernen. Naguggemada!

Später wurde dieser Sprachunterricht noch durch Christiane Vulpius intensiviert, mit der er achtzehn Jahre zusammenlebte, bis er sie im Jahre 1806 heiratete – zum Dank dafür, daß sie ihn vor Napoleons Soldateska mit Hilfe ihrer guten Verbindungen beschützt hatte. »Ich weeß nich«, pflegte sie angeblich zu sagen, »seit daß ich den

Geheemen Rahd geheiratet habe, habe ich nischt dadervon gehabd als wie Arweet un geene Stunde Ruhe.«
In »Dichtung und Wahrheit« schreibt Goethe: »Jede Provinz liebt ihren Dialekt; denn er ist doch eigentlich das Element, in welchem die Seele Atem schöpft. Mit welchem Eigensinn aber die Meißnische Mundart die übrigen zu beherrschen, ja eine Zeitlang auszuschließen gewußt hat, ist jedermann bekannt.«[2] Es war jene Zeit, in der die Sachsen selbstbewußt feststellten: »Wir Sachsen sprechen keinen Dialekt, wir sprechen die Hochsprache nur logger aus.«
Einstweilen sind zweihundert Jahre vergangen, und es ist zu fragen, warum heute ausgerechnet das hamburgische Platt an der Spitze der Beliebtheitsrangordnung steht und das seinerzeit kultivierteste Deutsch ganz unten rangiert? Nun – man »höre« sich einmal an, wie ein Hamburger und ein Obersachse jeweils ihre Erlebnisse beim Besuch eines einschlägigen Etablissements schildern:
»Du bimmelst an de Glock, un schwups geiht de Dör op. Un eh du di versüchst, stünd dor ok all een poar Mäkens an dien Siet, de di frogt, wat du denn drinken willst. Gönnst di erst mol 'n Beer, denkst du so bi di. ›Herrengedeck‹ heet dat! Mit 'n Piccolo för de Deern! Un schon bist du döttig Mark los. Kanns aver ok glieks to Sok kom un seggst: ›Giv mi man 'n Buddel Sekt mit een Mäken dorbi.‹ Dann is glieks alln's kloar. Dom Perignon för fiefhunnert Mark – un de Puff hört di alleen. Hesst du dacht . . . Aver so gau scheet de Preußen nich! Wer de Wohl hett, hett ok de Quol. Du schaßt di nun een von de Deerns utseuken. Wi hebbt dor wat Blondes mit 'n ›atemberaubendem Körperbau‹ – oder, nee, dor is ok wat mit schwatte Hoar un hier wat Kottes mit rode Hoar un een ›phänomenalen Ach-

tersten‹. Nu büst du ganz schön dörchenanner. Du bestellst di för den bederen Överblick erst mol 'n Kloarn.
Wenn du nun dien Wohl dropen hesst, geiht dat noch lang nich in de Puch, nee! Dor is een Spind för dien Soken, un du kriegst een Bademantel un Handdook. Nu ward erst mol 'n beeten planscht. Doch nu fallt di mit Schreck in, du hesst dien Boadebüx vergeten. Mann in de Tünn, wi sünd doch hier nich in 'ne Boadeanstalt! Rut ut de Klamotten un dann nix as rin mit dien Deern.«[3]
Das kommt aus dem Bauch und ist deshalb wohl auch für weniger Geübte unwiderstehlich. Der Erzähler kann als Person ausfindig gemacht werden, als jemand, der so von sich redet, daß man es auch merkt. »Dialekt«, meint der Dramatiker Franz Xaver Kroetz, »ist die Unterwäsche des Menschen, Hochdeutsch ist die Konfektion, die er darüber trägt.«
Gilt dies auch für das Idiom des echten Obersachsen? Vor der Gegenprobe zunächst eine Gebrauchsanweisung, die den Leipziger Kabarettisten »academixer« zu verdanken ist: »Unterkiefer langsam fallen lassen, Unterlippe nach vorn schieben und nu de Worde eenfach aus dr Gusche rausgullern lassen.« Also los:
»De bimmelsd an de Glogge, unn glei geht de Dier off. Unn eh de dich verguggsd, uff eema schdähn ä baar Mähchn an deener Seide, die dich fraachen, was de dringgen willsd. Nu, genehmichst do erscht ma ä Bier, dengsd de so bei dich, ›Herrengedegg‹ heeßt's. Middem Piccolo for'sch Mähchn. Unn glei bisde dreißsch Marg los. Gannsd awwr ooch glei zur Sache gomm unn saachsd: ›Gibb ma ma eene Bulle Säggd middem Mähchn dazu.‹ Denn iss glei alles glaar. Dom Perschno for fünfhunnert Marg – unn dr Buff gehörd dr ganz alleene. Hasde de gedacht . . .

Awwr so fix schießen de Breißn nich! Denn nu gommsde dichdch in de Bredullche. Gurz unn guhd – de sollsd nu de Mähchn beschnarschn: Mer hamm do was Blondes middem ademberaubendn Görber – oder nee, do is ooch was gwiedschvergniechdes midd schwarzn Hoorn, unn hier een gleener Deibl midd rodn Hoorn. Nu bisde schee frdaddrd in' Gobbe. De beschtellsd dr forn bessern Iwwerbligg ärschd mo een Glaarn.
Nu, wenn de nu dei Wahl gedroffn hasd, geht das noch lange nich off'n Gannabee, nee! Do is ä Schrangk fors Gelumbe zu dehbonniern, unn dann gämse dir een Bodemandel und ä Hannduch. Jädzd wärd ärschdma ee bissl geblanschd – wohl wägn de Baggdärchn. Doch blätzlich fälld dr midd Schreggen ein, de hasd dä Bodehose vergessen. Na horsche ma, du Gamehl, mer sinn doch in geener Bodeanschdald! Rundr midde Glammoddn unn nischt wie rin midd dei Mähchn.«
Wie gesagt – das ist nichts für die Augen, sondern bestenfalls etwas für die Ohren. Und wer kein Sachse ist, meint der Sachse und Satiriker Hans Reimann, wird damit sowieso niemals klarkommen:

»Latein und Griechisch kannste lern'n,
und wär die Gegend noch so fern,
und wär es gar im Land der Wilden,
de kannst dir deine Sprache bilden ...

Doch niemand, mag er noch so ringn,
wird tausend Worte sächsisch bringn.
Wir ham schon manchen so erschreckt,
daß er wie tot zusammenbrach,
denn unsern schönen Dialekt –
den macht uns keiner nach!«[4]

Aber wer, von ein paar einschlägig talentierten Unterhaltungskünstlern abgesehen, will das denn schon? »Ich habe noch nie einen vernünftigen Menschen gekannt, der sich gewünscht hätte, vollkommen wie ein Obersachse zu sprechen.« So jedenfalls sah es der Jurist, Lehrer und Bibliothekar Johann Erich Biester im ausgehenden 18. Jahrhundert – aber der Mann war freilich zuallererst Berliner. Als Mitherausgeber der »Berlinischen Monatsschrift« polemisierte er mit grimmigem Vergnügen gegen die von Johann Christoph Adelung behauptete Vormachtstellung der obersächsischen Sprache und Literatur.
Natürlich mußte es Streit geben, wenn man bedenkt, daß der überaus fleißige Lexikograph Adelung nicht nur für die Einheit der Schriftsprache eintrat, sondern für den Rest der Welt eben auch schon das verbindliche Muster parat hatte: »Diese Provinz, und welche könnte es anders sein als das südliche Obersachsen, eine von der Natur vorzüglich begabte Provinz – ward Deutschlands Attika und Toskana und diente dem bisher noch unvollkommenen und schwankenden Geschmacke zur Stütze und Führerin.«[5]
Doch das ist ja lange her, und auch wenn man allen Lokalpatriotismus beiseite läßt, bleibt der Tatbestand, daß die emotionale Entfernung zu dieser konsonantenschwachen Mundart für die meisten Deutschen im Laufe der Zeit immer größer geworden ist. Längst scheint es so, als parodierten die Sachsen jeden Stoff und obendrein sich selbst – und dies ganz und gar unfreiwillig.
Unfreiwillig komisch war seinerzeit zum Beispiel jener politische Würdenträger, dem eines der gerade erfundenen Tonbandgeräte vorgeführt wurde. Er sprach etwas aufs Band, ließ es sich vorspielen und schüttelte den Kopf: »Goomisch, hoochdeutsch reedch nein, un säggssch gommds raus.«

Für Witze sind viele Bevölkerungsgruppen gut, aber wenn über die Sachsen gelacht wird, dann sind die Pointen immer besonders eng mit der Sprache verbunden. Das liegt vor allem daran, daß sie so viele Möglichkeiten bietet, Mißverständnisse heraufzubeschwören: »Babba, was sindn das for Leide?« – »Das sind Bilcher, die loofen nach Rom!« – »Und warum gehndn die Bilcher ze Fuße?« – »Na, das is billcher!«

Oder hier eine der vielen Quizfragen, die die Stimmung heben sollen: »Worin besteht der Unterschied zwischen Griechen und Römern? Nun, aus Römern kann man trinken und aus Griechen nicht.« Und jetzt darf der Sachse natürlich einfältig-unsouverän zurückfragen: »Aber warum soll man denn aus Griichen nich dringgen gönnen?« Im Sächsischen werden die Hinterzungenvokale (ö, ü) eben entrundet (e, i), was vom objektiven Tatbestand her eigentlich weder lustig noch unanständig sein dürfte.

Doch ob »Griiche«, »Garaffen« oder »Gübel« – nicht nur für den Obersachsen Gerhard Zwerenz sind die Obersachsen »gekennzeichnet von ihrem Dialekt wie von einer in den Baum geschnittenen Kerbe«. Wie ist es dazu gekommen? Der Hauptgrund für den Abstieg des Sächsischen wird in dem folgenden Spottgedicht angedeutet:

»Warum is denn die Älwe bei Dräsdn so gälbe? –
Se schämt sich ze Schanden,
Dasse muß aus den Landen,
Denn gleich hinter Meißen
– pfui Spinne! – liecht Breißen.«

Den Sachsen war Böses widerfahren, denn am 18. Mai 1815 hatte Friedrich August I. (der Gerechte) geloben müssen: »Seine Majestät der König von Sachsen entsagen für sich und alle Ihre Nachkommen und Nachfolger zu Gunsten Seiner Majestät des Königs von Preußen allen Ihren Rechten und Ansprüchen auf die hiernächst angegebenen Provinzen.«

Das war ein harter Schlag für den Wettiner und seine Landeskinder: Der nördliche Nachbar mit der harten und schnarrenden Aussprache nahm ihrem Geenich sein halbes Königreich weg, weil sich dieser mit Napoleon gegen Preußen verbündet hatte und am Ende – wie leider schon einmal sein Vorgänger im Siebenjährigen Krieg – auf der falschen Seite stand. Der Volksstamm an Elbe und Saale wurde nun endgültig machtlos und fortan wegen seiner weichen Mundart »verhohnebiebelt«. Sächsisch hatte außerhalb der Grenzen eine neue Signalfunktion erlangt: Hört ihr – ein Verlierer!

Aber es sollte ja noch viel ärger kommen: Als der erste Sachse als »Fiehrer aller Werkdätschen« auf einen deutschen Regierungsstuhl gelangte, erhielten die Elbgermanen zwar die Macht zurück, zugleich aber wurde zwölf Millionen Obersächselnden vollends das Renommee verdorben. 90 Prozent aller Partei- und Staatsfunktionäre sagten angeblich »Gopp« statt »Kopf« – die sächsische Mundart war die Sprache der Mauerposten. Ironisch hieß es viele Jahre: »1952 hat die DDR Sachsen aufgelöst, um aus der ganzen DDR Sachsen zu machen. Die heutige DDR, das ist die späte Rache der Sachsen an den Preußen.« Bisweilen wurden sie auch als die fünfte Besatzungsmacht bezeichnet.

Und so gaben sie denn ihrem Idiom dieses Mal durch die transportierten Inhalte den Rest: »Also, ich verstehe Ihre Frage so, daß es in Westdeutschland Menschen gibt, die wünschen, daß wir die Bauarbeiter in der Hauptstadt der

DDR dazu mobilisieren, eine Mauer aufzurichten. Mir ist nicht bekannt, daß eine solche Absicht besteht. Die Bauarbeiter unserer Hauptstadt beschäftigen sich hauptsächlich mit Wohnungsbau, und ihre Arbeitskraft wird dafür voll eingesetzt. Niemand hat die Absicht, eine Mauer zu errichten.« Wer hat, zumindest unter den etwas Älteren, die typische Melodie nicht noch im Ohr?

Nein – mit dem Sächsischen ließen sich Herzen und Hirne nicht mehr gewinnen. Ganz anders Konrad Adenauer, der über seinen rheinischen Tonfall eine von vielen geschätzte urbane Bauernschläue anklingen ließ, oder Theodor Heuss, dessen gehobenes Schwäbisch unterschwellig das »Ende martialischer Herrschaft« signalisierte. Auch Franz Josef Strauß profitierte von den Eigenheiten seiner angestammten Mundart: Die urwüchsig-bajuwarische Geradheit hat ja etwas Uriges, das die aggressive Schärfe wieder zurücknimmt.

Sie alle zogen letztlich Honig aus dem unterschwelligen Gefühl der Adressaten, daß die »sprachliche Provinz glaubwürdiger ist als die Welt«. Armer Sachse. In seiner Sprache wurde vierzig Jahre lang das Blaue vom Himmel gelogen. Dennoch denkt freilich kein Sachse im Traum daran, Sprechunterricht zu nehmen. Und die folgende Geschichte vom Sachsen, der mit seinem Sachsentum angeblich nichts mehr zu tun haben wollte, kann nicht wahr sein: Ein Flüchtling wird im Notaufnahmelager gefragt, warum er denn geflohen sei. »Nu, was soll man da schon sachen . . .« – »Waren Sie politisch verfolgt? Hatten Sie Schulden? Es muß doch irgendeinen Grund geben.« Endlich antwortet er: »Ach, wissense . . . der eichentliche Grund is där: Also ich gonnde diesen Dialegd nich mehr heern.«

Im übrigen ist die böswillige Legende, Sachsen und kommunistische Unterdrücker seien identisch, leicht zu widerlegen. Als Kaffee- oder Obersachsen im engeren Sinne können schließlich nur die Bewohner des ehemaligen Königreiches und späteren Freistaates gelten – und das sind heute knapp fünf Millionen Menschen. Unverbesserliche Saxophobe vergessen einfach, daß auch in Thüringen, in großen Teilen Sachsen-Anhalts und im ehemaligen Bezirk Cottbus gern ein p in ein b und ein k in ein g verwandelt wird. Kurz: Drei von fünf Bewohnern der untergegangenen DDR sächselten, und so ist es denn kein Wunder, daß dieser Staat mit weichen Konsonanten hart regiert wurde. Sachsenart entsprach das allerdings keineswegs.

Der Sachse nimmt aber auch deshalb keinen Sprechunterricht, weil er weiß und fühlt, daß Sprachen »die Stammbäume der Nationen« sind. Und da darf er stolz davon ausgehen, daß für Luther, Leibniz, Lessing, Novalis, Nietzsche, Händel, Bach, Schumann und Wagner die »säggssche« Artikulation und Melodieführung selbstverständlich waren. Auch sie hielten sich an den Grundsatz: »Mir machn eefach die Gusche uff . . .«

Genau das haben die Sachsen während der SED-Herrschaft unter sich auch getan und damit allen Versuchen, ein DDR-Deutsch zu etablieren, Paroli geboten. Zwar blieben ihnen gewisse Situationen nicht erspart, in denen sie sich, wie alle anderen auch, des fürchterlichen Jargons bedienen mußten – aber dann flüchteten sie so schnell wie möglich wieder aus der ideologisch verschnürten Sprache in ihre Alltagssprache, um zu sein, was sie waren.

Und dann konnten sie für sich sowieso noch den Vorteil verbuchen, daß die Rede von der »heiligen, unverbrüchlichen Freundschaft mit der Sowjetunion« und dem »feierlichen Gelöbnis der Waffenbruderschaft« aus ihrem Munde

allemal nicht sonderlich zackig klang. Wenn der Sachse spricht – und das sollte doch auch einmal als ein Vorteil angeführt werden –, muß keiner zusammenzucken.
Eben darin ist wohl auch ein Grund zu sehen, warum die sozialistische Sprachkultur besonders bei den Sachsen nicht ankam: Es wurde an allzu vielen Fronten mit Worten gekämpft, die ihrem Bedürfnis nach Wirklichkeitsnähe und friedlichem Broterwerb zutiefst widersprachen. Die offizielle Sprachlenkung hatte bei den Sachsen keine Chance, zumal über neue Wortschöpfungen wie »Republikflucht« sowieso in keinem Nachschlagewerk nähere Auskünfte zu erhalten waren. Und für die »Jahresendflügelpuppe«, das »folkloristische Figurenkarussell« (gemeint ist die erzgebirgische Weihnachtspyramide) und den »Frühjahrsschokoladenhohlkörper« waren diese Gemütsmenschen schon gar nicht zu haben. Was hier albern klingt, war überaus ernst gemeint, und in Leipzig erging im Jahre 1949 überdies die offizielle Anweisung, den Weihnachtsmann durch das »Solimännchen« zu ersetzen. Die Leipziger konnten es damals noch rechtzeitig stoppen, wohl wissend, daß von so einem nichts Gutes zu erwarten war.
Der Sachse braucht aber vor allem deshalb keinen Sprechunterricht zu nehmen, weil es mit seinem Ansehen und seiner Sprache wieder bergauf geht. Schließlich ist ja gerade das Sächsische der sprechendste Beweis dafür, wie stark das Prestige von Dialekten einem Wandel unterworfen ist.
Die Sachsen haben die Revolution begonnen und gewonnen. Ohne revolutionäre Theoretiker, Strategen und Agitatoren – und ohne rollende Rrrs. Deshalb: »Sing, mei Sachse, sing!« Sächseln ist kein Schicksal, das es zu überwinden oder zu verachten gilt. Denn vielleicht werden es

alle bald wieder liebenswert finden, das Sächsische, und gar nicht mehr SEDistisch. Etwa so, wie die Hans-Reimann-Parodie auf die Lorelei – mit dem Untertitel »Schade, daß Heinrich Heine gee Leibzjer war«:

»Ich weeß nich, was das zu bedeidn hadd,
daß ich heide so gegniggd bin.
Ä Märchn aus uralten Daachen,
das geht mir fermlich wie ä Miehlrad im
Gobbe rum.«[6]

Gee Wundr – bei der sagenhaften Geschichte, die die Sachsen gemacht haben.

Leipzig-ein-und-Leipzig

Sachsen: Kurzform von Sahsnotas, das heißt Schwertleute

Vor Jahren ging ein islamischer Staatsmann zu den Juden und bot ihnen Frieden an. Berief er sich bei seinem Besuch auf den seit Jahrzehnten andauernden und für beide Seiten unerträglichen Kriegszustand? Versuchte er seine Gastgeber mit wohlgesetzten Worten davon zu überzeugen, daß es neben dem Trennenden doch auch viele Gemeinsamkeiten gäbe? Zunächst tat er weder das eine noch das andere. Aber er wählte den Termin seines Besuches so, daß daraus bereits eine Botschaft wurde: Der ägyptische Präsident Sadat kam zum Fest des Abrahamsopfers und beschwor damit den gemeinsamen Stammvater. Das kam an, weil jedes Kind in Israel diese Geschichte kannte.

»Einander kennen?« läßt Georg Büchner seinen Danton fragen und dann pessimistisch fortsetzen: »Wir müßten uns die Schädeldecken aufbrechen und die Gedanken einander aus den Hirnfasern zerren.« Aber warum gleich aufs Ganze gehen? Wir müßten nur mehr von dem wissen, was man ohne Not in Erfahrung bringen kann. Wir müssen zunächst einmal wissen, woher einer kommt, wenn wir herausfinden wollen, wohin ihn sein weiterer Weg wohl führen wird. Woher also kommen die Sachsen?

Hier gilt es, erst einmal Mißverständnisse aus der Welt zu schaffen. Das beginnt schon damit, daß die Sachsen gar keine Sachsen sind. Wenn Deutschland auf finnisch

»Saksa« heißt, dann geht dies auf jenen berühmt-berüchtigten Altstamm zurück, den bereits Ptolemaios um 150 n. Chr. als »Saxones« erwähnt. Diese »Schwertleute« erlangten im 8. Jahrhundert durch den hartnäckigen Widerstand unter ihrem Herzog Widukind gegen die Missionierungsversuche Karls des Großen historischen Ruhm. Der dreißig Jahre währende Krieg endete dann aber bekanntlich mit der christlichen Taufe des sächsischen Heerführers und seiner Mannen. Später, im 10. und 11. Jahrhundert, lag der Schwerpunkt des sächsischen Stammesherzogtums am Harz und an der unteren Elbe, und als das neue Bundesland Niedersachsen 1946 seinen Namen bekam, wollte man an dieses alte Stammesherzogtum erinnern.

Mit den heutigen Sachsen hat das alles so gut wie nichts zu tun. Im Gegensatz zu den älteren Reichsgebieten bildete sich zwischen der mittleren Elbe, dem Erzgebirge und der Saale erst recht spät so etwas wie ein »Staatsvolk«, und selbst der Name »Sachsen« wurde für Land und Leute nicht vor dem 15. Jahrhundert verbindlich.

Aber da gibt es noch ein Mißverständnis, das in der Frozzelei zum Ausdruck kommt, man habe es hier mit den Fußkranken der Völkerwanderung zu tun, die den Anschluß an die Horde verloren hätten. Doch auch wenn etwa die Kimbern und Teutonen mehr in der Welt herumgekommen sind, brauchen sich die »Elbgermanen« derartige Anwürfe nicht gefallen zu lassen.

Im Verlauf der Ostkolonisation (die Zeit der Völkerwanderung war längst vorbei) wanderten seit etwa 1100 Niederdeutsche, Thüringer, Mainfranken, Oberpfälzer und Bayern in das von Slawen dünnbesiedelte Land jenseits der sächsischen Saale ein. Um Wurzen und Leipzig ist sogar eine Landnahme durch Niederländer bezeugt. Wegen der

bitteren Not in ihren Ursprungsländern kamen die Menschen an Elbe und Saale und schmolzen allmählich, unter der zusätzlichen Aufnahme westslawischer Bevölkerungsteile, zu einem neuen Stamm, dem »bunten Strauß« der Obersachsen, zusammen. Neben dem endgültigen Namen mußten sie auch eine gemeinsame Sprache finden, die schließlich, auch unter Aufnahme vieler slawischer Elemente, der sächsische Dialekt wurde.
Noch heute zeugen viele Ortsnamen von den Daleminzen und Milzenern, wie sich die bedeutendsten slawischen Stämme auf heute sächsischem Gebiet nannten. Und unter den Lausitzern hat sich bekanntlich die slawische Gruppe der Sorben – ihre kulturellen Zentren sind Bautzen und Cottbus – bis in unsere Tage erhalten. Für den Fernsehjournalisten und Sachsen Peter von Zahn schwebt über der Heimat noch immer und unverkennbar »der weiche, zwitschernde Klang des Slawischen«.
Doch zur eigentlichen Geschichte des ostmitteldeutschen Neustammes. Sie wurde entscheidend von den Wettinern geprägt, einer Dynastie, die sich sage und schreibe bis 1918 behaupten konnte. Ihr Kernland war die Mark Meißen, die nach der Unterwerfung der slawischen Daleminzen und Errichtung der Burg Meißen (929) entstand und bis ins 12. Jahrhundert eingedeutscht wurde. Zu dieser Zeit begann unter Markgraf Heinrich von Eilenburg die eigentliche Herrschaft der Wettiner, die ihren Namen von der Burg Wettin in der Nähe eines alten Saaleüberganges bezogen. (Wenn man allerdings ganz genau sein will, hat Heinrichs Nachfolger Konrad I. als eigentlicher Begründer des wettinisch-meißnisch-sächsischen Landesstaates zu gelten.)
In den ersten Jahrhunderten verhielten sich die Wettiner so stinknormal wie alle anderen deutschen Fürstengeschlech-

ter eben auch: Sie weiteten ihren Herrschaftsbereich aus und bekamen Krach in der Familie. Nach der Leipziger Teilung von 1485 gingen sie mit einer albertinischen und einer ernestinischen Linie getrennte Wege. Doch diese Teilung hatte – und das ist freilich unüblich – auch ihre segensreichen Folgen.

Hier einige sächsische Highlights: Der Ernestiner Friedrich der Weise gewährte, obgleich er selbst kein Anhänger des Protestantismus war, Martin Luther seinen Schutz und sorgte für dessen freies Geleit zum Reichstag nach Worms (1521). Nach der Ächtung durch das Wormser Edikt wurde der Reformator von Friedrich auf der Wartburg versteckt und begann dort mit der Bibelübersetzung.

Kein Zweifel – dieser Fürst machte auf eine eigenwillige Weise Geschichte, denn normalerweise hätte ihm der sächsische Ablaßprediger Tetzel als Glaubensgenosse näherstehen müssen. Am Ende zersplitterten sich die Ernestiner allerdings so sehr, daß sie in der Bedeutungslosigkeit versanken.

Einstweilen machten die Albertiner Dresden zu ihrer Metropole. Aus dieser Linie der Wettiner ragt besonders August der Starke heraus, jener Barock-Fürst, der von 1694 bis 1733 regierte. Dieser Mann war in jeder Hinsicht von einem starken Ehrgeiz beseelt. Zwölf Nebenfrauen soll er gehabt haben, von denen vor allem Aurora von Königsmarck und die Türkin Fatime immer wieder gern erwähnt werden, weil sie ihm berühmte Söhne schenkten (Moritz von Sachsen und Graf Rutowski).

Die Legende schreibt dem Potentaten übrigens recht großzügig die Vaterschaft von 365 Kindern zu, was eine interessante Spekulation nahelegt: Unter der Annahme, daß es diese Kinder jeweils ihrerseits auf die bescheidene Zahl von

nur drei Nachkommen brachten und wir uns jetzt in der neunten Generation nach August befinden – ja, unter dieser Annahme müßte rein rechnerisch jeder Sachse mit dem konsequenten Verehrer des weiblichen Geschlechts blutsverwandt sein. Vielleicht rührt daher die Fähigkeit der Sachsen, wie Peter von Zahn meint, »mit nichts so vertraulich umzugehen wie mit dem Erhabenen«.
Aber August der Starke machte sich noch durch ein ganz anders gelagertes Engagement einen verdienten Namen. Der Zwinger, die Frauenkirche, das Japanische Palais, die von Pöppelmann im Barockstil umgestaltete Moritzburg und Schloß Pillnitz – das sind nur einige der glanzvollen und einmaligen Zeugnisse seiner Regentschaft, und im Grunde verbietet sich deren Aufzählung in einem Satz. So viel Lob könnte andererseits wiederum Bertolt Brecht mit seinen »Fragen eines lesenden Arbeiters« auf den Plan rufen:

»Wer baute das siebentorige Theben?
In den Büchern stehen die Namen von Königen.
Haben die Könige die Felsbrocken herbeigeschleppt?«

Doch das kann man so nicht ganz gelten lassen. Natürlich haben Herrscher zu allen Zeiten Menschen gefunden oder bezwungen, um sich Denkmäler zu setzen. Aber gerade unser Jahrhundert und insbesondere die letzten Jahrzehnte halten genug Anschauungsmaterial bereit, an dem augenfällig wird, daß Arbeiter und Handwerker bei monströsen Auftraggebern auch nur Monströses schaffen können.
August der Starke aber, und da möchte man fast um Nachsicht bitten, war ideell und konzeptionell einzig. Während Preußen zur selben Zeit zwei Drittel seines Staatshaushaltes für das Militär ausgab, rüstete der Kurfürst sein Sach-

sen handwerklich, wissenschaftlich und künstlerisch auf. Er verkündete für seine Länder nicht nur Glaubens- und Gewissensfreiheit, sondern machte die sächsische Metropole zu einem »Athen für Künstler« beider Konfessionen und vieler europäischer Nationen. Der Titel Elbflorenz gründet im Augusteischen Zeitalter.
Und so schrieb denn auch Erich Kästner: »Wenn es zutreffen sollte, daß ich nicht nur weiß, was schlimm und häßlich ist, sondern auch, was schön ist, so verdanke ich diese Gabe dem Glück, in Dresden aufgewachsen zu sein.« Und melancholisch fügt er hinzu: »Dresden war eine wunderbare Stadt. Ihr könnt es mir glauben.«[7] Man glaubt es ihm gern – auch heute noch und wieder.
Damit nicht genug: Ein Gang durch das »Grüne Gewölbe« mag verstimmen, weil der Besitz derart kostbarer Kunstwerke und Pretiosen offenbar zur unausweichlichen Repräsentationspflicht dieses Kurfürsten gehört haben muß – aber er versöhnt den Betrachter auch gleich wieder. Eine der ganz großen Glanzleistungen: der Tafelaufsatz »Hofstaat zu Delhi am Geburtstag des Großmoguls Aureng-Zeb« von Dinglinger, bei dem allein 5000 Diamanten verarbeitet wurden. Die Kosten für dieses Kunstwerk lagen damals höher als die Baukosten für das Jagdschloß Moritzburg.
Und dann war August der Starke noch auf Porzellan versessen. Er brachte es fertig, an Preußen 600 wohlausgebildete Dragoner zu verkaufen, wofür er als Gegenwert ostasiatisches Porzellan erhielt. Später wurden derartige Tauschaktionen überflüssig, denn den von ihm geförderten Alchimisten Böttger und Tschirnhaus gelang die (Nach-) Erfindung des weißen Prozellans. Die 1710 in Meißen gegründete Porzellanmanufaktur – Markenzeichen sind

die gekreuzten blauen Schwerter – sucht ihresgleichen. August der Starke war ein Souverän, der Sachsens Kulturgeschichte entscheidend geprägt hat. Aber der europäische Hocharistokrat konnte nicht verhindern, daß der Kurstaat Sachsen allmählich vom Konkurrenten Brandenburg-Preußen weit überflügelt und damit auf dem Schachbrett der Großen und Mächtigen zur politischen Randfigur wurde.
In Krakau fand August seine letzte Ruhestätte, doch sein Herz wird in der katholischen Hofkirche zu Dresden in einer Bleikapsel aufbewahrt, in jener Stadt, deren Pracht anglo-amerikanische Bomberpiloten und danach deutsche Sozialisten gründlich ruiniert haben.
»Dem Besucher, der die Stadt aus alten Bildern und Büchern kennt, stockt der Atem«, schilderte Mathias Schreiber jüngst seine Betroffenheit. »Er sucht und sucht, findet aber wenig . . . Wer die Frage, was nun hier zuerst zu geschehen habe, beantworten möchte, braucht fast die kraftvolle Kühnheit von August dem Starken, jenem sächsischen Kurfürsten, Hufeisen- und Herzensbrecher, der als August II. auch König von Polen war, woran wir uns angesichts der für uns neuen, schwierigen Nachbarschaft im Osten häufiger erinnern sollten.«[8]
Friedrich August II., ebenfalls Kurfürst von Sachsen und als August III. König von Polen, tat sich mit dem Regieren noch schwerer als sein Vater. Die Dresdner von heute werfen ihm das aber nicht vor und erinnern statt dessen an die Sixtinische Madonna oder die von dem Römer Gaetano Chiaveri errichtete katholische Hofkirche, mit der das klassische Dresdner Stadtbild vollendet wurde. Unter der Herrschaft von August III. kehrte auch eine neue Moral ein – vorbei war es mit den üblichen Frivolitäten, vor allem mit dem abenteuerlichen Mätressenwesen.

Statt dessen sucht die Günstlingswirtschaft des neuen Kurfürsten ihresgleichen. Der von ihm blind favorisierte Premierminister Graf Brühl – er startete seine Karriere bereits unter August dem Starken als Page – erwarb ein riesiges Privatvermögen, während die Staatsverwaltung verfiel. Vor allem aber wurden auf sein Betreiben hin die Sachsen im Siebenjährigen Krieg Bundesgenossen einer Großen Koalition gegen Preußen. Die sächsischen Truppen mußten jedoch bald kapitulieren, und der König mußte nach Warschau fliehen. Sachsen hatte auf die falsche Karte gesetzt, denn Friedrich der Große gewann in aussichtsloser Lage doch noch den Krieg. Preußen war als europäische Großmacht etabliert.

Damit ging nach über hundert Jahren das »Augusteische Zeitalter« zu Ende, jene Epoche, in der das Selbstbild und Selbstgefühl der Sachsen bis heute entscheidend geprägt wurden. Und dieses Zeitalter endete damit, daß ein Fürst, der bei der Ankunft von Raffaels Gemälde »Sixtinische Madonna« seinen Thronsessel zur Seite gerückt hatte, um dem Künstler seine Reverenz zu erweisen, vor einer üblen preußischen Militärdiktatur in die Knie gehen mußte. Dies freilich nicht ohne eigenes Verschulden. Aber der augusteische Wahlspruch »Tantum quantum possum« (soviel, als ich vermag) hatte eben niemals etwas mit Eroberungsgelüsten, sondern überwiegend etwas mit Bilderlust und Bauplänen zu tun.

Zur absolut tragischen Figur wurde dann Kurfürst Friedrich August III., der sich, nun vermutlich durch Erfahrung gewitzt, bei der erstbesten Gelegenheit sofort auf die Seite Preußens schlug (er führte mit Friedrich dem Großen 1778/79 den Bayrischen Erbfolgekrieg).

Auch im Kampf gegen Napoleon stand er zum nördlichen

Nachbarn – aber leider nur bis 1806. In diesem Jahr errang der französische Kaiser nämlich seinen grandiosen Sieg über das preußisch-sächsische Heer in der Doppelschlacht von Jena und Auerstedt, worauf Friedrich August meinte, schleunigst die Seiten wechseln zu müssen: Sachsen trat dem von Frankreich beherrschten Rheinbund bei, und dafür wurde der Kurfürst von Bonaparte zum Monarchen gekürt (und ein Jahr später gab es auch noch das neue Herzogtum Warschau dazu). Ein Franzose hatte das Kurfürstentum Sachsen zum Königreich befördert.

Bei dieser Gelegenheit soll noch einmal daran erinnert werden, daß die sächsischen Fürsten den Königstitel bis dato nur trugen, solange sie sich in Polen halten konnten. In ihrem Stammland waren sie Kurfürsten, und daher rühren auch die verwirrenden Namen: Wer etwa als Kurfürst von Sachsen Friedrich August hieß, war dann in seiner Eigenschaft als König von Polen meist nur August.

Sachsen wurde also Königreich, aber es sollte sich bald zeigen, daß Napoleons Geschenk vergiftet war. Aus jener Zeit stammt übrigens auch Heinrich von Kleists »Katechismus der Deutschen, abgefaßt nach dem spanischen, zum Gebrauch für Kinder und Alte«:

»Frage: Sprich, Kind, wer bist du?
Antwort: Ich bin ein Deutscher.
Frage: Ein Deutscher? Du scherzest. Du bist in Meißen geboren, und das Land, dem Meißen angehört, heißt Sachsen!
Antwort: Ich bin in Meißen geboren, und das Land, dem Meißen angehört, heißt Sachsen; aber mein Vaterland, das Land, dem Sachsen angehört, ist Deutschland, und dein Sohn, mein Vater, ist ein Deutscher.

Frage: Du träumst! Ich kenne kein Land, dem Sachsen angehört, es müßte denn das rheinische Bundesland sein. Wo find ich es, dieses Deutschland, von dem du sprichst, und wo liegt es?
Antwort: Hier, mein Vater. – Verwirre mich nicht.
Frage: Wo?
Antwort: Auf der Karte.
Frage: Ja, auf der Karte! – Diese Karte ist vom Jahr 1805. – Weißt du nicht, was geschehen ist im Jahr 1805, da der Friede von Preßburg abgeschlossen war?
Antwort: Napoleon, der korsische Kaiser, hat es, nach dem Frieden, durch eine Gewalttat zertrümmert.
Frage: Nun? Und gleichwohl wäre es noch vorhanden?
Antwort: Gewiß! – Was fragst du mich doch.«[9]

Die historische Versöhnung des deutschen Volkes mit sich selber stand damals noch in weiter Ferne. Zunächst einmal endete die Bündnispolitik von Friedrich August (der jetzt der I. war) bei Leipzig in einem Desaster. In dem Roman »Völkerschlachtdenkmal« von Erich Loest heißt es: »Wenn ein Film über die Völkerschlacht gedreht würde: Wir Sachsen kämen drin nicht vor. Von heute aus gesehen sind wir ein bißchen Abfall, ein Rest auf der falschen Seite, Peinlichkeit, Krätze der Geschichte.«[10] Friedrich August geriet damals als Anhänger Napoleons für zwei Jahre in Gefangenschaft und verlor dann auf dem Wiener Kongreß den gesamten Norden seines Landes an Preußen.
Selbstverständlich hat August um sein Reich gekämpft, und er tat es auf seine Art, auf sächsische Art: »Sähn Se, meine Gudesten, Sachsen, das is Sie nämlich das Land der eurobäischen Midde – un wenn mer de Midde von was gabudd machd, denn machd mer das Ganze gabudd! Das

wärdn Se doch nich dun, meine Gudesden!« Gerhart Herrmann Mostar schreibt später in seiner »Weltgeschichte höchst privat«: »Aber er war, bei aller Beschränktheit, der anständigste Monarch auf dem ganzen Kongreß – vielleicht der einzige grundanständige Monarch überhaupt!«[11] Aber das war nicht gefragt, und so stieß er mit seiner politischen Konzeption von Sachsen als »eurobäischer Midde« auf keine Gegenliebe. »Meine Bemühungen, so schmerzliche Opfer abzuwenden, sind vergeblich gewesen«, schrieb er einige Tage nach dem Wiener Kongreß seinen ehemaligen Landeskindern. »Ich soll von euch scheiden, und das Band muß getrennt werden, auf welches seit Jahrhunderten das Glück Meines Hauses und eurer Voreltern sich gründete.« Wieder einmal waren die Sachsen »gegniggd«. Sie hatten es binnen kürzester Zeit geschafft, sowohl mit Preußen als auch gegen Preußen zu verlieren.
Die insgesamt 829 Jahre währende Herrschaft der Wettiner ging nun allmählich dem Ende entgegen. 1866 setzten die Sachsen mit ihren weiß-grünen Fahnen schnell noch einmal auf das falsche Pferd, als sie sich mit Österreich gegen Bismarck verbündeten und bei Königgrätz ins Laufen kamen – dann war es soweit: »Macht euren Dregg alleene.« Sachsens letzter König, Friedrich August III., mußte nach der Novemberrevolution 1918 abdanken.
Im kritischen Rückblick hätten die Sachsen von ihren Wettinern eigentlich längst die Nase voll haben müssen. Nichts davon: »Sachsen vergißt Sie nie«, steht auf dem Sarkophag des letzten Monarchen. Er war in der Bevölkerung ungewöhnlich beliebt, und dies wohl nicht zuletzt auch wegen seines persönlichen Schicksals. Erich Kästner berichtet:

»Manchmal fuhr er mit seinen Kindern durch die Residenzstadt, und aus dem offenen Wagen winkten die kleinen Prinzen und Prinzessinnen uns anderen Kindern zu. Der König winkte auch. Wir winkten zurück und bedauerten ihn ein bißchen. Denn wir und alle Welt wußten ja, daß ihm seine Frau, die Königin von Sachsen, davongelaufen war. Mit Signore Toselli, einem italienischen Geiger! So war der König eine lächerliche Figur geworden, und die Prinzessinnen und Prinzen hatten keine Mutter mehr . . .
Um die Weihnachtszeit spazierte er manchmal, ganz allein und mit hochgestelltem Mantelkragen, wie andere Offiziere auch, durch die abendlich funkelnde Prager Straße und blieb nachdenklich vor den schimmernden Schaufenstern stehen. Für Kinderkleider und Spielsachen interessierte er sich am meisten . . . Wenn er in die Fleischerei Rarisch hineingegangen wäre und zu einer der Verkäuferinnen gesagt hätte: ›Ein paar heiße Altdeutsche, mit viel Senf, zum Gleichessen!‹, wäre sie bestimmt nicht in die Knie gesunken, und sie hätte sicher nicht geantwortet: ›Es ist uns eine hohe Ehre, Majestät!‹ Sie hätte nur gefragt: ›Mit oder ohne Semmel?‹«[12]
Die protestantischen Sachsen und ihr seit 1697 katholisches Fürstenhaus – das war schon eine merkwürdige Wechselwirkung. Sie machte es sogar möglich, daß die Sozialdemokraten »ihrem« zurückgetretenen König Friedrich August die Staatspräsidentschaft antrugen, die er freilich beherzt ablehnte.
Um diesen letzten sächsischen Monarchen ranken sich viele Anekdoten, die Hans Reimann liebevoll in seinem Buch »Oswin, der ertrunkene Hering« wiedergibt. Eine soll erzählt werden, weil in ihr ein berühmtes Zitat vor-

kommt: Der Geenich fuhr von Sibyllenort, seinem Altersruhesitz, nach Regensburg, wo sein zweiter Sohn mit einer Prinzessin von Thurn und Taxis Hochzeit feierte. Der Weg führte ihn zwangsläufig durch die Republik Sachsen, und da ihm nichts ferner lag, als die Existenz des Freistaates durch seine Anwesenheit zu gefährden, begab er sich heimlich auf die Reise. Dennoch bekamen die königstreuen Sachsen Wind von der Sache und versammelten sich, wie in der guten alten Zeit, auf den Bahnhöfen, um ihrem ehemaligen Herrscher zu huldigen. Auf einem Bahnhof trommelten die stürmischen Verehrer gar gegen die Scheiben des Salonwagens, und da ging dann endlich das Fenster herunter, und die vertraute Stimme rief: »Ihr seid mir scheene Rebbubligahnr!« So jedenfalls soll es sich zugetragen haben.

Als Friedrich August 1932 starb, ließ die sächsische Regierung am Tag der Beisetzung alle staatlichen Gebäude halbmast flaggen. Sämtliche Glocken Dresdens begannen zu läuten, als sich der Trauerzug der Hofkirche näherte, in der rund 200 000 Menschen am geöffneten Sarg vorbeidefilierten. Der Mann, der da betrauert wurde, war alles andere als ein glänzender Sieger. Nicht einmal seine Familie konnte er beisammenhalten. In Preußen reichte dies allein damals schon aus, einem Offizier das Kommando über eine Kompanie zu verweigern. Wo könnte der tiefere Grund für die Popularität des letzten amtierenden Wettiners liegen?

Die Antwort ist vielleicht bei dem Sachsen Friedrich Nietzsche zu finden: »Meine Formel für Größe am Menschen ist amor fati ... Das Notwendige nicht bloß ertragen, noch weniger verhehlen ... sondern es lieben ...« Und amor fati, diese »Liebe zum Schicksal«, gilt bei Nietzsche zugleich auch als Zeichen für eine schöpferische, »dionysische« Einstellung zum Dasein. Mancher wird das allerdings als zu hoch gegriffen empfinden, denn außerhalb des Landes galt der geliebte letzte Sachsenkönig schlicht als ein Trottel. Vielleicht zeigt sich aber gerade in der Verehrung dieses Mannes, daß die gewerbefleißigen Sachsen wenig Sinn für aufgesetzte Grandezza hatten.

Statt dessen standen sie in ihrer Geschichte immer wieder vor der Notwendigkeit, recht ungemütliche Fakten zu akzeptieren. Sie gingen einen langen, verschlungenen Weg durch Höhen und Tiefen, es gab viel Licht, doch immer wieder auch starke Schatten. Aber aus der Schwäche innerhalb einer geschichtlichen Situation erwuchs diesem Volksschlag letztlich Stärke. Es war die Fähigkeit, sich immer irgendwie durchzuwursteln. »Mir sin wie Vitriol. Mir gommen überall durch.« Und das haben sie ja 1989 in Dresden und Leipzig bewiesen.

Apropos: »Leipzig-ein-und-Leipzig« – was war da los? Zum Schluß dieses historischen Streifzuges soll doch nicht unterschlagen werden, daß die Sachsen auch einmal im Laufe von zweihundert Jahren auf der siegreichen Seite fochten, nämlich »siebzig-einundsiebzig« im Deutsch-Französischen Krieg. Sie taten sich sogar als besonders tapfer hervor, denn unter ihrem Heerführer Kronprinz Albert (dem späteren König von Sachsen und einzigen nichtpreußischen Armeeführer gegen Frankreich) stürmten sie gemeinsam mit den Preußen St. Privat und entschieden den Sieg von Gravelotte. Das ist das eine.

Und dann ist da Leipzig, das für Elend und Glanz der sächsischen Geschichte steht. 1813 tobte hier die Hauptschlacht der Befreiungskriege gegen Napoleon, 1815 führten preußische Kommissare das Kommando über die Stadt – aber 1871 wurde »großmächtig gefeiert«.

Erich Loest noch einmal in seinem Roman »Völkerschlachtdenkmal«: ». . . das Rathaus war mit hundert Fahnen und einem Transparent geschmückt: Lipsia huldigt knieend der Germania. Das Rathaus war mit fünfunddreißigtausend Gasflammen und dreitausend Öllämpchen illuminiert. Danach kam diese blödsinnige Redewendung auf: ›Bei Leipzig-ein-und-Leipzig.‹ Wird immer noch angewendet, wenn einer ausdrücken will: Damals, weiß auch nicht genau, wann eigentlich. Mit derlei kommen wir Sachsen über manche Runde. Irgendwie war unsere Geschichte immer bei Leipzig-ein-und-Leipzig.«

Ein Höhepunkt – zumindest für das Selbstgefühl – und viele Irrtümer. Böse Zungen behaupten auch: viel Opportunismus. Vielleicht aber ist ein Grund für die wenig glanzvolle politische Geschichte der Sachsen in diesem Vorfall zu finden, der gern weitererzählt wird: Ein Preuße trinkt ein Bier und tritt einem neben ihm stehenden Sachsen gegen das Schienbein. Der sagt nichts. Der Preuße tritt ein zweites Mal. Als der Sachse immer noch nichts sagt, spuckt der Preuße ihm ins Bier. Darauf sagt der Sachse: »Wennse das noch mal machn, dann sätze ich mich woandershin.«

Das haben sie ja denn auch häufiger getan und gerieten dabei fast immer in die Nesseln: das Sachsenland als duldendes Objekt machtbewußter und leider auch noch stärkerer Nachbarn. Die geopolitische Lage war das Handicap und erklärt wenigstens zum Teil auch die Mentalität der Menschen, die eben aus dieser Situation erwuchs und wohl erwachsen mußte.

Aus der Psychologie weiß man, daß ein Handicap den

Betroffenen zu besonderen Anstrengungen ansporonen kann, die letztlich der Kompensation dienen, also dem Ausgleich eines Mangels. Zugleich entwickelt sich eine besondere Sensibilität für Benachteiligungen und Diskriminierungen.

Ein typisches Beispiel dafür ist Rosa Luxemburg, die gleich »zwei gesellschaftliche Höcker mit auf die Welt brachte« – sie war jüdischer Herkunft und weiblichen Geschlechts. Das machte sie hart im Nehmen und zart im Empfinden. Aus der Festung Wronke schrieb der »Adler mit dem Taubenherz« im Jahre 1917 an eine Freundin: »Was mich anbelangt, so bin ich in der letzten Zeit, wenn ich schon nie weich war, hart geworden wie geschliffener Stahl ...« Und an anderer Stelle heißt es: »... daß ich allein soviel Schönheit genießen soll. Ich möchte laut über die Mauer hinausrufen: Oh, bitte beachten Sie doch diesen herrlichen Tag!«

Es war die Kraft der Bejahung, die diese Frau und Politikerin in unsäglicher Lage über sich hinauswachsen ließ und vor allem eine seelische »Entsorgung« zahlloser Demütigungen möglich machte.

Man kann noch andere Beispiele anfügen: Demosthenes, der berühmteste Redner des Altertums, hatte von Natur aus eine schwache Stimme und stärkte sie, indem er mit einem Kieselstein auf der Zunge das Meer zu übertönen suchte. Georg Christoph Lichtenberg, der einen Buckel hatte und schon als Kind die Welt entsprechend kennenlernen sollte, wurde zum Prototyp des deutschen Gelehrten und erster großer Meister des Aphorismus. Und Wilma Rudolph, die weltberühmte Sprinterin der sechziger Jahre, war durch ein Beinleiden aufgrund einer Kinderlähmung behindert. Jetzt erst recht! Der Stachel im Fleisch der

Sachsen war ihre Pufferfunktion zwischen den Großmächten, die sie immer wieder zwang, für die eine oder andere Seite Partei zu ergreifen. Und wenn sie dann zu den Verlierern gehörten, waren sie für die Gegenpartei zugleich auch Verräter. Daß dies nach Talleyrand immer nur eine Frage des Zeitpunktes sei, hat niemanden bei der Bewertung interessiert. Wie den Sachsen tatsächlich der Sinn gestanden haben muß, macht diese aus dem Siebenjährigen Krieg überlieferte Anekdote vielleicht deutlich:
Preußische Husaren ritten in der Nähe von Dresden an einem Schäfer vorüber, der seine Herde an der Elbe weidete. Angesichts des jenseits der Elbe stehenden kaiserlichen Heeres rief ihm einer der Husaren zu: »Kerl, bist du österreichisch oder preußisch gesinnt? Bekenne!« – »Ach, meine Herren«, antwortete der sächsische Hirt, »ich wollte, die Österreicher ersöffen hier alle in der Elbe, und die Preußen lachten sich alle darüber tot.«
Es kam bekanntlich anders. Preußen preßte die für damalige Zeiten gigantische Summe von 50 Millionen Talern aus dem Lande, um sein Heerwesen zu finanzieren, und die sächsischen Landesfarben standen wieder einmal für Niederlage und Demütigung.
Aber deshalb stellt sich die sächsische Geschichte heute vorrangig als eine Kultur- und Wirtschaftsgeschichte dar, die entscheidend dazu beitrug, daß dieses Land als Spielball der Großmächte überhaupt überleben konnte. Sie verhalf den Sachsen zu jener unverwechselbaren Identität, die allen Wechselfällen widerstand. Die Menschen waren nach jedem Schlag wieder zur Stelle, zäh und unbeirrbar. Man konnte getrost neue Landkarten zeichnen, auf denen sie einfach nicht mehr vorkamen, aber sie waren trotzdem die ganze Zeit da.

Und vielleicht klingt davon auch etwas in dem Bekenntnis an, das der Leipziger Erich Loest über sich selbst abgibt: »Was auch geschehen wird, eines bleibt gültig bis an mein Lebensende. Ich bin kein Berliner.«

Der Sachse als solcher

»Goethe? – Där hadde es doch ooch bloß aus Biechern.«

Wenn angesichts einer so beweglichen Volksgruppe, wie sie die Sachsen darstellen, vom »Stammescharakter« die Rede ist, dann soll dieser Begriff ganz gewiß nicht mit der Vorstellung einer die Jahrhunderte überdauernden »Blutsgemeinschaft« belastet werden. Andererseits muß einem ja nicht gleich »über allem schwer werden«, wenn es um den Charakter einer deutschen Volksgruppe geht.

Was ist für die Sachsen stammesrepräsentativ? Der historische Rückblick mag Ahnungen von noch heute aktuellen Be- und Empfindlichkeiten vermitteln, aber Schlachtfelder und Fürstenkabinette liefern schließlich nicht die entscheidenden Maßstäbe, um einem Menschenschlag gerecht zu werden. Wo sind sie zu finden? Nun – am einfachsten ist es wohl, zu klären, was die Sachsen nicht sind und auch niemals waren oder sein wollten.

Als Friedrich Wilhelm I., der Soldatenkönig, einmal seinen Buchenstock gegen einen Major erhob, und zwar vor dessen Regiment, zückte der Offizier unverzüglich seine Pistole und schoß – erst seinem König vor die Füße, dann sich selbst in den preußischen Schädel. Blitzschnell fiel eine Entscheidung für die Ehre und gegen das Leben – eine Entscheidung, bei der uns Heutigen vor allem der russische Physiologe Iwan Pawlow mit seiner Lehre von den bedingten Reflexen in den Kopf kommt. Und niemals kann man sich an die Stelle des preußischen Majors einen echten

Obersachsen denken. Eine solche Vorstellung wäre schon fast komisch.
Zwar wehte damals der »Geist von Potsdam« über Preußens Grenzen hinaus, aber dieser »Geist« vertrug sich überhaupt nicht mit den ganz anders gelagerten sächsischen Tugenden und Wertvorstellungen – etwa mit der Gemütlichkeit und der Neigung, sich selbst nicht allzu ernst zu nehmen. Deshalb ist die folgende Geschichte auf alle Fälle gut erfunden:
Im Wartesaal des Dresdner Hauptbahnhofs zieht ein Herr gerade seinen Mantel aus, als ein anderer auf ihn zukommt und ihn fragt: »Sind Sie Baul Gretzschmar?« – »Ja.« Darauf gibt ihm der Fragende eine Ohrfeige und macht sich eiligst davon. Der Geschlagene reibt sich die Wange und meint dann zu den bestürzten Zuschauern des Vorfalls: »Den habbsch awwer angeschmiert. Ich heeße nämlich gar nich Gretzschmar.«
Und was hätte der von seinem König gedemütigte Major getan, wenn er kein Preuße, sondern eben ein Sachse gewesen wäre? Er wäre »tücksch« geworden. Nach Hans Reimann, dem Trefflichen, geschieht das folgendermaßen: »Kinn vorschieben, bis die Unterlippe baumelt – und daneben gucken, also ins Leere.« Das ist Katharsis auf feine sächsische Art, und mit ihr lebt man »zefriedn« bis ins hohe Alter.
Aber meist läßt er es gar nicht erst so weit kommen. Der Sachse, heißt es, kann keinen Widerspruch ertragen – er ist sofort deiner Meinung. Bloß nicht zanken! Die Welt ist doch letztlich gut! Das jedenfalls legte bereits der Leipziger Leibniz mit seiner Lehre von der »prästabilisierten Harmonie« der Menschheit ans Herz und beeinflußte damit in erheblichem Maße die deutsche Aufklärung.

Zur Erinnerung: Verträglichkeit ist nach Ansicht des letzten deutschen Universalgenies das Markenzeichen des Weltganzen. Eine Zentralmonade hält sozusagen als Monadenkönig alles in Eintracht zusammen, und so geht es denn selbst in den Sphären gemütlich zu. Dies, schrieb einst der Philologe Herbert Schöffler, sei »Sachsenwerk« in unserem Denken.[13]

Nun soll hier nicht übertrieben werden, denn daß der Mathematiker Carl Friedrich Gauß in Braunschweig zur Welt kam, kann nicht als Indiz dafür genommen werden, daß die Braunschweiger durch die Bank begeisterte Rechenkünstler sind. Doch ob nun Zufall oder nicht – Leibniz hat insofern eine Menge mit den Sachsen zu tun, weil sein »positive thinking« – so würde der Grundtenor seiner Lehre ja wohl heute genannt werden – eine wesentliche Eigenart dieses Volksschlags recht gut widerspiegelt. Und das deckt sich schließlich auch mit einem Vers, den der Freiherr von Wolzogen viele Jahre später dichtete:

»Drum wackrer Deitscher, sei nur friedlich
Und bändge deinen Schimpfinstinkt;
De Welt ist ieberall gemietlich,
So weit de sächssche Zunge klingt.«[14]

Wer so auf Harmonie aus ist, kann freilich zur rechten Plage werden. An so einem rutscht man hilflos ab und lernt jene Ecken und Kanten schätzen, an denen man sich zwar schrammen, aber eben auch festhalten kann. Ist der typische Sachse glatt? Will er um jeden Preis verträglich sein? Geschichten und Histörchen treten nicht mit dem Anspruch auf Wahrheitsfindung an, aber sie helfen manchmal auf sympathische Weise weiter. Da erzählt einer die folgende Begebenheit: »Gestern fuhr ich bein Augustus-

platz vorbei, da werd doch e Ameriganer in de Elektrische reingomm mit seiner gleen Fahne in Knobloch un enner Schbortmitze und setzt sich doch datsächlich mir gegeniewer, dut de Beene uff mein Schoß und liest de Zeitung.« – »Na, den hasts awwer gesagt, was?« – »Ich gonnde doch gee Englisch.«
Der Sachse ist nicht unangreifbar glatt – er gibt sich nur herrlich unsouverän. Man kann und mag einfach nicht mehr nachfassen. Sein Dialekt ist für Kommandos und Militanz absolut unbrauchbar. Auch seine Potentaten haben bei aller Machtvollkommenheit offenbar nicht die anderswo übliche Distanz gegenüber erlauchten Kreisen wahren können oder wollen. Zumindest der letzte nicht, Friedrich August III., von dem uns der Fernsehjournalist Peter von Zahn – freilich aus zweiter Hand – folgendes schildert:
Während einer Truppenparade sei sein Vater eine Pferdelänge links hinter dem König geritten, wie es dem Protokoll entsprach. Dennoch war zu hören, daß Seine Majestät Schnupfen hatte, und so bot er dem Monarchen ein frisches Taschentuch an. »Ach, lassn Se's schdeggn, Zahn«, habe der König geantwortet, »ich ganns noch ärschniefn.«
Diese Geschichte – ob nun wahr oder nicht – erzählt viel über die Sachsen. Sie erzählt nicht nur die Geschichte eines volksnahen Königtums, sondern sie erzählt zugleich auch die Geschichte des Umgangs mit dem Souveränen. Das ganz Kleine und das ganz Große – der Sachse sorgt für wohltuende Mischungsturbulenzen. Und deshalb gehört hierher auch noch jener Mann, der in der Linie 15 vom Gewandhause nach Connewitz gefahren sein wollte – und zwar mit keinem Geringeren als Beethoven! »Mit Beethoven?« wundert sich sein Gesprächspartner, ». . . mit Beetho-

ven . . . aber mei Gudester – de Fuffzehn fährt doch gar nicht nach Gonnewitz!«

Sind die Sachsen intellektuell unterbelichtet? Der Genieforscher Ernst Kretschmer würde hier entschieden widersprechen, erklärte er doch Sachsen »durch das Zusammentreffen der musikalischen und der dichterisch-philosophischen Begabung« zur absolut geniereichsten deutschen Landschaft. Und damit mag er ja auch nicht ganz falsch gelegen haben, aber die Aufzählung großer Geister zum Zweck irgendeiner Beweisführung ist doch eher ein Thema für Familienzeitschriften. Zwischen den beiden Weltkriegen, als das Image von Sachsen besonders rußig war, fühlten sie sich jedenfalls aufgerufen, ihren Lesern die ansehnliche Garde unbestrittener Sachsen-Genies immer wieder vorzuführen.

Und was meinen die Sachsen selbst dazu? »Mir sin helle!« sagen sie, und dann erfinden sie zum Beweis Geschichten, und die sind gerade insofern wahr, als sie nicht geschehen sind: »Was ham se denn im Deater gegäbn?« – »Eene Mark.« – »Nee, ich meene, was forn Stick?« – »Zwee Fuffzich-Fennich-Sticke.« – »Nee, ich meene, was die Schauspieler gegäbn habn.« – »Die wärns wohl umsonst gehabt ham.«

Das kann noch eine ganze Weile so weitergehen und ermuntert den wohlwollenden Betrachter zu der These, daß die Mißverständnisse einander nur deshalb so schnell folgen, weil der Sachse eben so schnell denkt.

Spaß muß sein! Und genau das ist es wohl: Dieser deutsche Imperativ verrät niemals den typischen Sachsen, denn der hat Vergnügen an jener ironischen Selbstdarstellung, in der das Ich regelrecht geopfert wird. Unscheinbarkeit und Weltruhm! Auf diesem Hintergrund ist die Frage nach der

Größe seiner Gehirnblase völlig belanglos. Und wir glauben es ihm ja auch so, wenn er versichert: »Mich gann geener for dumm goofen.«

Damit ist aber noch nicht geklärt, warum die Sachsen so erfolgreich sind. Napoleon und Honecker, »beide scheiterten in Leipzig« – mit dieser Feststellung leitet der Historiker Wolfgang Schneider das von ihm herausgegebene »Leipziger Demontagebuch«[15] ein. Und dann wendet er sich im weiteren entschieden gegen eine Geschichtsfälschung: Als am 9. Oktober 1989 der »Countdown für den Bürgerkrieg« lief, spielte nicht der Aufruf zur Besonnenheit von sechs namhaften Persönlichkeiten der Stadt die entscheidende Rolle (was aber keinesfalls die Verdienste von Kurt Masur schmälern kann), sondern »einzig die geballte Kraft der siebzigtausend angsterfüllten und dennoch nicht weichenden Menschen«. Montag für Montag zogen sie, die »Namenlosen«, über den innerstädtischen »Ring« und liefen nicht, wie Stefan Heym schimpfte, der Banane nach – sie liefen in die Welt hinaus. Die Dresdner und unzählige andere taten dies ebenso beherzt.

Und das weist auf einen weiteren typisch sächsischen Wesenszug hin: Man behauptet sich nicht mit den Ellenbogen – sondern man »weercht« sich durch. Die Sprache als Lehrmeister der Psychologie! Es liegt im Naturell der Sachsen, Hindernissen mit Stetigkeit zu begegnen.

»Fichilanz« heißt eine andere Eigenschaft, und gewiß käme kein Franzose darauf, daß sich dahinter das französische Wort »vigilant« (wachsam, umsichtig) verbirgt. Gemeint ist damit jene »spezifisch sächsische Mischung von Rührigkeit und Intelligenz«[16] – eben Quicklebendigkeit, Findigkeit und ein ausgeprägter Sinn für das Praktische. »Mutter, mir missen e neien Gohlngasten gaufen, unser Gohlngasten is

gabutt, der Boden is ganz raus.« – »Nu, da habbch doch neilich gelesen, de Gohle werd doch jetzt verflisscht – woll mer denn da nich gleich enne Gießganne gaufen?«
Mit diesem Dialog garniert der bereits erwähnte Herbert Schöffler aus Leipzig seine Feststellung, daß die Intelligenz seiner Landsleute »im sofortigen Anwenden der Theorie auf den Alltag des Lebens« bestehe. Auch deshalb hatten sie wohl wenig mit dem sowjetischen Wissenschaftler Mitschurin am Hut, dessen Arbeit an der Forschungsanstalt für Obstbau in Mitschurinsk (!) als Beweis für die Vererbung erworbener Eigenschaften diente.
Bei aller staatlichen Propaganda blieben die Sachsen nämlich gelassen und zogen den Biologiepapst respektlos in die Niederungen der profanen Wirklichkeit herunter: »Mitschurin hat festgestellt, daß kalter Kaffee Fett enthält.« Oder auch ganz sachlich: »Sähnse, was da där Midschurin in der Sowwjeddunjon wollde, so alle Bflanzen greuz und gwer durch'n Kardn und die waide Naduhr, das geht nadierlich nich. Ich will dem Mann seinen Ruhm nich schmälern, där hadd kroße Verdienste, da beißt die Maus geinen Fahden ab, aber mer darf die Naduhr nich bemogeln wolln, das nimmt se ibel, da isse beinah wie mir Sachsen.«
Der Sachse als solcher ist für das Praktische. Er ist ein Tüftler, der hartnäckig am Problem bleibt – und er ist fleißig. Dies alles macht ihn im Wettbewerb anderen oft überlegen: »Wo immer ein Agent früh 8.30 hinkommt«, bemerkt Schöffler, »ein sächsischer Verteter war schon 8.15 da, auch mit preiswerterem Angebot, da er und seine Firma sich mit kleinerem Gewinn begnügen . . . Wenn man eine Fleiß- oder Trägheitsskala der großen Völker einrichtet, an deren einem Ende die Japaner stehen, während sich

um das andere Engländer und Franzosen mit gleichen Aussichten auf Sieg streiten können, so stehen die Sachsen erheblich näher bei den Japanern . . .« Dies und manches andere, fügt er noch hinzu, »hat sie vielerorts unbeliebt, aber als Angestellte auch für nichtsächsische Unternehmer oft unentbehrlich gemacht«.[17]

Vor allem versteht es der Sachse, Nackenschläge in Kauf zu nehmen, denn in dieser Hinsicht bot ihm ja seine Geschichte viele Gelegenheiten, sich entsprechend einzuüben. Und wenn alles nicht so recht klappen will? »Dann«, meint der Leipziger Kabarettist Jürgen Hart, »komponiert er sich die Götter auf die Bühne, wie Richard Wagner, oder er schriftstellert sich den Wilden Westen in die gute Stube, wie Karl May.«[18]

Gerade letzterer ist für die Sachsen vielleicht typischer, als es scheinen mag. Der Philosoph Ernst Bloch bemerkte einmal über den meistgelesenen deutschen Autor, der bekanntlich niemals in seinem Leben auf einem Pferd gesessen hatte: »Fast alles ist nach außen gebrachter Traum der unterdrückten Kreatur, die großes Leben haben will.« Wenn man das »große Leben« einmal beiseite läßt, so erinnert Karl May mit seinem Schicksal, das zugleich auch das vieler seiner Landsleute war, an einen der berühmtesten Romananfänge der Weltliteratur: »Es war in jener Zeit, als ich in Kristiania umherging und hungerte, in dieser seltsamen Stadt, die keiner verläßt, ehe er von ihr gezeichnet worden ist . . .« So beginnt Knut Hamsun sein Meisterwerk »Hunger«, und in diesem Sinne hat auch Sachsen einst nicht wenige seiner Bewohner geprägt – man denke an die Vogtländer und Erzgebirgler und an die Tapferkeit, mit der sie ihre Armut meisterten.

Der Erfinder des Winnetou hatte jedenfalls nicht nur

»Kommandschn«, »Abbadschn« und »Dagodahäubdlinge« im Kopf, sondern er behielt durchaus einen klaren Blick für die realen Verhältnisse. In seiner Autobiographie unter dem Titel »Ich« schreibt er: »Es waren damals schlimme Zeiten, zumal für die armen Bewohner jener Gegend, wo meine Heimat liegt . . . Arbeitslosigkeit, Mißwachs, Teuerung und Aufruhr, diese vier Worte erklären alles.« Die Familie May nähte damals Leichenhandschuhe und verdiente sich damit, was weder zum Leben noch zum Sterben langte.

Karl May steht für bodenlose Träumereien als Balsam für die Seele – und damit kannte man sich an Elbe und Saale aus, denn das Selbstbewußtsein lag häufig genug am Boden. Aber das war und ist freilich nur eine Möglichkeit, um mit einer unerträglichen Lage fertig zu werden.

Die Protestanten

»Es ist nicht abwegig, vom Luther-Geruch der deutschen Nation zu sprechen.«
Gerd-Klaus Kaltenbrunner, politischer Essayist

Wer »das deutsche Volk für ein Volk wie jedes andere« halte, betreibe Geschichtsfälschung. Das vermerkt Erich Kuby in seinem jüngsten Buch »Der Preis der Einheit« und benennt die entscheidenden »deutschen Konstanten«: Machtentfaltung, Aggression und Rücksichtslosigkeit.
Das ist starker Tobak. Vor allem aber ist es fragwürdig, einem Volk, über dessen Jahrhunderte dauernde Zersplitterung der alte Bismarck in Friedrichsruh bis zum Ende seiner Tage grübelte, einheitliche Wesenszüge anzuhängen. Die deutsche Geschichte war und ist seit 919 vor allem eine Geschichte der Stämme und ihrer unverwechselbaren Eigenarten – für die Franzosen wohl eher eine des Starrsinns, mit der an den Sonderformen auch kleinster Gebiete festgehalten wurde.
Wer heute beispielsweise durch das Eichsfeld fährt, kann sich von der Honigverkäuferin an der Straße diesbezüglich en passant auf die Sprünge helfen lassen: 897 das erste Mal genannt, im 13. Jahrhundert unter der Landeshoheit von Kurmainz, 1803 an Preußen, 1807 an das Königreich Westphalen, 1815 wieder an Preußen, das das 1342 von Mainz hinzugekaufte Untereichsfeld im Jahre 1816 wiederum an Hannover abtrat. Da schwirrt einem ganz schön der Kopf. Vielleicht bekommt sie die einzelnen Daten auch nicht so

exakt auf die Reihe, aber bestimmt fügt sie noch hinzu, daß sie jetzt nicht mehr in der Thälmannstraße, sondern im Amselstieg wohne, und daß Thüringen gut, das Eichsfeld jedoch besser sei.

Für den Philosophen Friedrich W. Schelling waren die Deutschen ein »Volk von Völkern«, und diese Vielheit zeigte und zeigt sich auch in den Benennungen durch andere Völker. Die Franzosen sprachen bis weit ins 19. Jahrhundert hinein von »Les Allemagnes«. Auch die Finnen fanden für den deutschen Partikularismus offenbar keine übergreifende Bezeichnung, die etwa von Rheinländern, Bayern und Mecklenburgern gleichermaßen hätte akzeptiert werden können: Für sie sind die Deutschen noch heute einfach Sachsen (Saksa), und darin ist sicher die Erinnerung an Widukind und seine aufmüpfigen und glaubensstarken Krieger bewahrt.

Natürlich gab es in diesem »Volk von Völkern« bei allen Gegensätzen, Rivalitäten und Feindschaften immer auch viele Gemeinsamkeiten. Auf eine weist der philosophisch-zeitkritische Essayist und Österreicher Gerd-Klaus Kaltenbrunner hin, wenn er meint, es sei »nicht abwegig, vom Luther-Geruch der deutschen Nation zu sprechen«.[19] Und der ging von Sachsen aus, wobei die eigentliche »Wiege des Protestantismus« in den ernestinischen Landen lag. Hier wurde das Ende des deutschen, ja des europäischen Mittelalters eingeläutet.

Die Freiheit, die sich Luther am 31. Oktober 1517 mit seinen 95 Thesen herausnahm, muß in jener Zeit als unglaublich empfunden worden sein, und unglaublich war es für viele sicher auch, daß ausgerechnet die kurfürstliche Obrigkeit ihre schützende Hand über den »Protestanten« hielt. Obwohl er Papst und Kaiser gegen sich hatte, ließ

Friedrich der Weise um der Gerechtigkeit willen sein Landeskind auf die Wartburg in Sicherheit bringen.
An dieser Stelle kommt man wohl einem Wesenszug des Sachsenstammes näher, der nicht übersehen werden sollte: In ihm ist seit jeher ein starkes Gefühl für Recht und Gerechtigkeit lebendig. Nicht von ungefähr stammt aus dieser Region der »Sachsenspiegel«, jenes einflußreiche Rechtsbuch, das von dem anhaltinischen Schöffen Eike von Repgau zwischen 1220 und 1235 geschaffen wurde. Der Geltungsbereich erstreckte sich zunehmend über das ganze deutsche Reichs- und Sprachgebiet und galt später teilweise sogar in Ungarn, Polen und Rußland.
Neben Luther fand in Sachsen zur gleichen Zeit übrigens auch noch ein anderer Theologe Gehör und Anhänger. Thomas Münzer, zeitweilig Prediger in Zwickau, strebte im Gegensatz zu dem anfangs von ihm bewunderten Reformator die Verwirklichung des Reiches Gottes auf Erden an und proklamierte das Widerstandsrecht des Volkes gegen die »unverschämte Tyrannei« der Obrigkeit. Sein Allstedter »Bund der Auserwählten« kannte weder soziale noch Bildungsschranken und entwickelte sich allmählich zu einer revolutionären Kerntruppe. Wenig später allerdings endete sein Bauernheer von etwa 6000 Mann am Fuße des Kyffhäusers in einem Blutbad. Münzer wurde gefangengenommen, gefoltert und widerrief als gebrochener Mann seine Lehre.
Eine spätere Obrigkeit vereinnahmte ihn dann als »Bahnbrecher des modernen Sozialismus«, obwohl ihr doch Münzers Ziel, die Errichtung des Reiches Gottes nebst einer bei dieser Gelegenheit fälligen Trennung von »Gottlosen« und »Auserwählten«, ganz bestimmt ein Greuel gewesen sein mußte. Und am Ende fegte dann ja auch der Geist

sächsisch-protestantischer Pfarrhäuser die Gewaltigen mir nichts dir nichts aus den Sesseln.
Aber zunächst noch ins Jahr 1849: Der polnische Komponist Frédéric Chopin stirbt in Paris, David Livingstone macht sich zu seinen Forschungsreisen nach Afrika auf, und Bayern führt als erster deutscher Staat die Briefmarke ein. Im Mai aber bricht in Dresden ein Volksaufstand aus. Neben dem Russen Bakunin beteiligen sich der junge Opernkapellmeister Richard Wagner, der Architekt Gottfried Semper und weite Kreise des etablierten Bürgertums. Mittlerweile war nämlich die Wirtschaft zum Schicksal Sachsens geworden, denn wie in keinem anderen deutschen Land hatte dort eine radikale Industrialisierung eingesetzt, die selbst die Landschaft außerhalb der großen Städte prägte. Zwar hatte sich auch anderswo viel Unzufriedenheit aufgestaut, aber in jenen Tagen wird vor allem in Sachsen der vierte Stand, der des Fabrikarbeiters, entdeckt. Dieser tritt in schroffen Gegensatz zu den überkommenen Gesellschaftsschichten und liefert zugleich auch das Hauptkontingent an Mitgliedern der neu gegründeten Arbeiterbildungsvereine. Das »Musterland der Volksbildung«, wie Sachsen bezeichnet wurde, blieb sich in dieser Hinsicht auch in schwieriger Zeit treu. Was es dieses Mal speziell zu lernen gab? Vor allem Kenntnisse und Fertigkeiten, um die eigenen Interessen zu erkennen und durchzusetzen. Ausgerechnet mit Preußens Hilfe wurde der Aufstand von Dresden dann allerdings niedergeschlagen.
Auf diesem Hintergrund ist es nicht verwunderlich, daß in der »Werkstätte Deutschlands« auch die Wiege der Arbeiterbewegung stand. 1875 schrieb Wilhelm Liebknecht über Leipzig: »Ich blieb und habe es nie bereut. Das Terrain konnte nicht günstiger sein. Mit Ausnahme höchstens von

Hamburg war nirgends in Deutschland eine größere Empfänglichkeit für sozialistische Ideen.« Sechs Jahre zuvor hatte er mit August Bebel die Sozialdemokratische Arbeiterpartei gegründet, die den von Ferdinand Lassalle gegründeten Allgemeinen Deutschen Arbeiterverein als zu gemäßigt bekämpfte.

Auf jeden Fall lag Liebknecht mit seiner Einschätzung richtig: Bei der ersten Reichstagswahl nach der Jahrhundertwende, im Jahre 1903, eroberten die Sozialdemokraten 22 von 23 sächsischen Wahlkreisen, und deshalb sprach man fortan vom »roten Königreich«. Im Weimarer Staat wurde Sachsen gar zum Land mit einem Volksfront-Modell, das Reichspräsident Ebert und Reichskanzler Stresemann zum Einschreiten veranlaßte. Übrigens kurz vor dem Hitlerputsch in München.

Bald danach setzten die Nationalsozialisten ihren totalitären Machtanspruch endgültig durch, und die Sachsen liefen mit. Auch während der SED-Herrschaft war über Jahrzehnte von ihrer früheren Aufmüpfigkeit nichts mehr zu spüren. Im Gegenteil: Sie galten als zuverlässige Stützen des Regimes.

»Furor teutonicus und Servilität, Ungestüm und . . . spießbürgerliches Behagen am Herddämmerglück in anheimelnder Stube – all dies«, so Kaltenbrunner, »ist in Luther bereits angelegt.«[20] Ein seelischer Befund, der eine ganze Menge mit dem Wesen der Sachsen zu tun hat. Doch die These von der »Nischengesellschaft« (Günter Gaus), in der man opportunistisch sein kleines Glück suche, erwies sich als völlig daneben.

Ausgerechnet im »Tal der Ahnungslosen«, dort also, wo man wegen des schlechten Empfangs bundesdeutscher Fernsehsender von den Möglichkeiten des Andersseins am wenigsten wußte, entwickelte sich für alle überraschend jenes Protestpotential, das am Ende eine echte Revolution zustande brachte. Auch dieses Mal waren vor allem die sächsischen Arbeiter wieder die Entschlossensten von allen und zählten den »real existierenden Sozialismus« nebst DDR einfach aus.

In der Heimstatt der deutschen Arbeiterbewegung hatten die Sozialdemokraten im Herbst 1990 keine Chance, die Glut unter der Asche wieder anzufachen. Das Land mit der einst radikalsten politischen Polarisierung hat inzwischen einen mit absoluter Mehrheit ausgestatteten CDU-Ministerpräsidenten, während die SPD bei der ersten gesamtdeutschen Wahl gerade 18,2 Prozent der Stimmen erzielen konnte.

Sie wundere sich darüber, sagte in der Wahlnacht eine Politikerin aus Mecklenburg, warum so viele Menschen sich gegen ihre Interessen hätten entscheiden können. Doch Arbeiterbeschimpfungen haben ja Tradition – man denke nur an den 17. Juni 1953. Aber jene, die das Undenkbare zur Wirklichkeit werden ließen, haben das nun wirklich nicht verdient. Dieses Undenkbare bestand schließlich in der Erfüllung des Wunsches, sich nicht mehr durch andere die eigene Interessenlage vorschreiben zu lassen. Und deshalb werden es die Sachsen schon machen. Sie werden es gut machen, weil ihnen der Schriftsteller Hans Paul Barth mit der folgenden Warnung aus tiefstem Herzen spricht:

»Es bleibt von Ideologie verrammelt
dein Hirn, wenn deine Theorie vergammelt.«

Wo Braxis Deorie besiecht

»Wir wollen ein bißchen
besser sein, und dann
wollen wir mit dem anderen
ein Bier trinken.«
Erich Loest in
»Völkerschlachtdenkmal«

Das »Made in Germany« wurde genaugenommen in Sachsen erfunden. Die Devise »Sachsen macht alles« erhob das Land zum klassischen Exporteur, der Beziehungen mit aller Welt anbahnte und pflegte. Von der Stecknadel bis zur kompliziertesten Schwermaschine – hier lag ein Garten Eden menschlicher Betriebsamkeit, den die Engländer mit ihrer Merchandise Marks Act von 1887 – eben der Kennzeichnungspflicht für alle aus Deutschland eingeführten Waren – vergeblich zu begrenzen suchten.
Und deshalb dichtete Hans Reimann nicht ganz unberechtigt:

»Wo fabriziert man denn, mein Sohn,
Odol, Laxin und Pixavon?
Wo macht der Fritze Busch Musike,
Wo mimt Hanns Fischer? Wo der Wiecke?
Wo haust die Firma Ernemann? . . .
Wo kommt der Baedeker zur Welt,
Wo wird der Brockhaus hergestellt?
Der größte Hauptbahnhof steht wo?«

Die eigentliche Erfolgsstory dieses Landes begann bereits um 1170, als Sachsens Schätze im wahrsten Sinne des Wortes zutage traten – und zwar den Annalen zufolge bei den banalsten Gelegenheiten: Mal blitzte zwischen den umgebrochenen Schollen eines Ackers blankes Silber auf, mal blieb ein vollbeladener Wagen auf vom Regen völlig aufgeweichter Straße in einem Geschiebe von gediegenem Bleierz stecken, oder ein aufgeregter Hirtenjunge berichtete von brennenden »Steinen«.

Die Zeitgenossen müssen in einer permanenten Sensation gelebt haben, denn immer neue Fundstätten wurden ausgemacht. »Auf ins Erzgebirge!« So erscholl damals das berühmte »Silbergeschrey«, ein Signal, das auch Markgraf Otto von Meißen aus dem noch jungen Herrschergeschlecht der Wettiner zum Handeln aufforderte: Er verkündete Bergbaufreiheit und vergab das Schürfrecht an alle, die ihrerseits zur Abgabe des zehnten Teils alles geförderten Edel- und Buntmetallerzes bereit waren. In jener Zeit wurden die noch heute bekannten Bergstädte gegründet, von denen wenigstens Freiberg (der Name geht auf die in dieser Stadt verkündete Freizügigkeit im Bergbaubetrieb zurück) als eine der bedeutendsten zu erwähnen wäre. Der Handel mit Metallen wirkte natürlich wie ein Magnet, Märkte wurden zu Messen mit zunehmend internationaler Ausrichtung entwickelt, und im 15. Jahrhundert war Sachsen auf einmal das reichste deutsche Land. Vor allem in Leipzig, wo sich einst so bedeutende Handelsstraßen wie die Via Regia und die Via Imperia kreuzten, trafen sich bald die Kaufleute aus aller Welt.

Auch hier waren freilich die Anfänge bescheiden. 1165 verlieh Markgraf Otto der Siedlung Leipzig (urbs Lipsi, vermutlich »Lindenort«) das Stadtrecht und bestimmte, daß im Umkreis von einer Meile kein der Stadt schadender Jahrmarkt abgehalten werden dürfe. Die ansässigen Kaufleute scheuten keine Mühen, dieses Privileg zu nutzen und auszuweiten. Es sollte sich lohnen: 1507 erhob Kaiser Maximilian I. die Stadt an der Pleiße in den Rang einer Reichsmessestadt und dehnte zugleich das Stapelrecht für Waren auf 15 Meilen (etwa 120 km) aus.

Was die Messe prägte, war ihre Vermittlerrolle zwischen den polnisch-russischen Märkten und denen im westlichen Deutschland, in den Niederlanden, in Frankreich und England. Im Jahre 1706 weist das sächsische Postkursbuch bereits 47 Verbindungen zu europäischen Städten mit der Postkutsche aus, die zur Messezeit völlig überlastet waren. Die Reise von Amsterdam nach Leipzig dauerte 73 Stunden, von Warschau brauchte man 96, von Petersburg 268 und von Lissabon gar 311 Stunden – was portugiesische Händler allerdings nicht schrecken konnte.

Leid tun konnten einem aus heutiger Sicht nur die kaufmännischen Lehrlinge in Leipzig, deren Anforderungen Adolf Lippold gnadenlos wie folgt zusammenfaßt:

»Er mußte wissen, daß vier Thaler Conventionsmünze sieben süddeutsche Gulden werth waren, ebenso mußte er preußische und andere Goldstücke genau nach ihrem jeweiligen Cours kennen, ebenso den Cours der Hundertelei in- und ausländischen Cassenscheine, Banknoten und Coupons, er mußte mit der Goldwaage Bescheid wissen, wenn ihm ein von irgend einem menschenfreundlichen Cravattenfabrikanten (Wucherer) beschnittener Ducaten zur Zahlung vorgelegt wurde, er mußte schnell die an dem Goldstück fehlenden ›Aß‹ und daraus wieder den geringeren Werth (vom Courswerth) desselben zu ermitteln verstehen. Und andererseits, im Manufacturwaarenfach mußte er wissen, daß das Yard = 1 7/8 Leipziger Ellen, das ›Schock‹ Leinwand und Handtücher 60 Ellen, 6 Berliner

= 7 Leipziger, 5 Brabanter = 7 Leipziger Ellen, daß das ›Pack‹ seidener schweizer Taschentücher 7 Stück derselben enthielt, daß ein ›Stein‹ Wolle = 20 Pfund und eine ›Tonne‹ = 20 Centner war, er mußte blitzschnell ausrechnen können, welchen Einkaufspreis die Leipziger Elle in Neugeld hatte, wenn die Berliner Elle Buckskin 42 gute Groschen (24 = einen Thaler) zu stehen kam.«[21]

Da die Leipziger Messe auf der Welt von einmaliger Kontinuität ist, muß man sich in Geschäftskreisen dennoch allezeit gut verstanden haben. Jedenfalls gab es wohl keine unüberwindbaren Kommunikationsprobleme, als zur Ostermesse 1824 erstmals auch Kaufleute aus dem indischen Kalkutta, aus Brasilien und Argentinien in Leipzig auftauchten, denn sie kamen schließlich in den folgenden Jahren alle wieder. In jener Zeit müssen sich wohl auch die Unterschiede im Selbstbild zwischen den Dresdnern und den Leipzigern herausgebildet haben: Im Elbflorenz hält man sich offenbar noch heute für nobler, dafür fühlen sich die Bewohner von Klein-Paris viel weltgewandter. Leipzig zur Messezeit, vermerkte immerhin auch Goethe, sei »die Welt in einer Nuß«.

Und es ging weiter wirtschaftlich voran. Die erste echte deutsche Eisenbahn – Se wärn entschuldchen – wurde 1837 von Leipzig nach Dresden gebaut. Über hundert Kilometer war die Strecke lang, und sie hatte im Vergleich zu der von Nürnberg nach Fürth einen richtigen Bahndamm. Natürlich gab es bei aller Prosperität zwischendurch auch gravierende Einbrüche, denn die Preußen marschierten 1866 quer durch das Königreich gegen die Donaumonarchie, und das »kleine Verräterland Sachsen« durfte wieder einmal – wie bereits unter Napoleon – den Rückzug des geschlagenen Verbündeten decken.

»Unser bestes Jahr war 1913.« So sieht es der sächsische Schriftsteller Erich Loest. In seinem überaus faszinierenden Buch »Der Zorn des Schafes« ist zu lesen: »Die Fabriken dampften, an den Börsen wurde Gewinn gemacht, die Sozialdemokraten glaubten, internationale Brüderlichkeit würde jeden Krieg ersticken. Die Einweihung des Völkerschlachtdenkmals wurde zu einem strahlenden nationalen Fest. Zeppeline flogen, immer kühner wurde mit Stahl und Beton gebaut. Es gibt Zeiten, denen man wünscht, die Geschichte hätte den Atem angehalten, Jahre, die hätten verweilen sollen, denn sie waren so schön.«[22]
In der Tat war die Entwicklung seit der Wende vom 19. zum 20. Jahrhundert ungemein erfreulich. Innerhalb von zehn Jahren wuchs die Bevölkerung des Königreichs Sachsen um 23 Prozent und erreichte damit fast fünf Millionen. Der Staatshaushalt verzeichnete an Einnahmen und Ausgaben eine Steigerung um beinahe 30 Prozent, während die Staatsschulden infolge der konsequenten Sparpolitik der Regierung um 18,5 Prozent pro Einwohner abgebaut werden konnten. Und was auch nicht verachtet wurde: Die Sparguthaben der Bevölkerung wuchsen in dieser Zeit um mehr als 25 Prozent.
1914 zog auch die sächsische Armee in den Krieg. Das war die erste Station zum letzten Abstieg, der später in Leipzig, Chemnitz, Plauen und Dresden zum Sturz in Höllentiefen wurde. Dann rückte die Sowjetarmee ein, und die Enteignungen und Demontagen begannen.
Der Leipziger Verleger Klaus Edgar Herfurth, später in Frankfurt lebend, hat eine Aufstellung einstmals sächsischer Unternehmen herausgebracht, die heute zweifellos zum westdeutschen Industrie- und Handelsadel zählen. Die frühere Adresse hier, die heutige daneben. Sie umfaßt

280 Seiten mit gut 5000 Namen. Um nur einige Beispiele zu nennen: Dr. August Horch (1868–1951) baute in Zwickau seine ersten Autos und gründete dort im Jahre 1910 die Audi-Automobilwerke AG, die 1932 in der Auto Union AG aufging. In Chemnitz waren die FEWA-Waschmittelwerke ansässig, die Firma Mey und Edlich stammt aus Leipzig, Blendax, Odol, Juno und Salem sind Traditionsmarken sächsischen Ursprungs. So viel Unternehmergeist brauchte freilich auch Geld, und das kam von der Dresdner Bank, der heute »größten sächsischen Bank der Welt«, wie Vorstandssprecher Wolfgang Röller kürzlich bemerkte.

Dann war da natürlich noch die sächsische Strumpfstrickerei und -wirkerei. Mit Eigensinn, Gründlichkeit und dem ausgeprägten Hang zur Tüftelei setzte man sich gegen die Engländer durch, so daß gegen Ende des 19. Jahrhunderts 80 Prozent aller auf der Welt industriell hergestellten Strümpfe aus Sachsen kamen. »Die Geschichte des Feinstrumpfs ist eine sächsische Geschichte«, schrieb Dieter Wildt. »Des Feinstrumpfs wohlgemerkt, nicht des Grobstrumpfs. Grobe Sachen sind nicht des Sachsens Sache. Aber den Feinstrumpfbereich hat er sich erobert. Ganz sächsisch nicht in einem gigantischen Rockefeller-Trust oder Carnegie-Konzern, sondern mit Tausenden von kleinen Betrieben, die sich gegenseitig das Leben sauer machen in harter Konkurrenz.«[23]

Das weist zugleich auf ein tiefes Bedürfnis des Sachsen hin: Er braucht seine »Klitsche«, eine Fabrik, die von ihrer Größe her überschaubar bleibt und ihm so zur beruflichen Heimat werden kann. Manchmal nennt er sie auch zärtlich »Horn'che«, ein Wort, das auf das sorbische »hornca« weist und unter anderem auch »Stube« bedeutet. Und aus solch

einer »Stube« stammen letztlich die ältesten und gewiß auch bekanntesten Strumpfmarken überhaupt: Elbeo, Bi und Ergee.
Das kleine Erzgebirgsdorf Oberlungwitz war die Strumpfhochburg, und die ist aufs engste mit der ursächsischen Familie Louis Bahner (Elbeo) verbunden. In den Planungsakten des Kreml für die Sowjetisierung Deutschlands war das Land Sachsen dreimal rot unterstrichen. Und so wurde denn Bahners Strumpfexportfirma bis zur letzten Türklinke demontiert.
Die Bahners und all die anderen hatten dann »nach driebn gemacht«. Klein waren sie einst angefangen, und nun begannen sie ganz klein noch einmal von vorn. »Zement gegen Strümpfe und so«, erzählt Louis Bahner. »Und wenn es überhaupt nicht weiterging, weil wieder einmal der Zement fehlte, dann habe ich irgendwo einen Sachsen entdeckt, und wir hatten Zement. Dabei haben wir für später nur Strümpfe versprechen können, wir hatten ja nichts anderes.«[24] Bald saßen die Bahners wieder fest im Sattel: Wolfgang produzierte Tilly-Strümpfe in Kiel, Gerhard hatte mit der Marke Bi Erfolg, und ein anderer Bahner fabrizierte die sogenannten Siebenpunktstrümpfe. Überall sind sie zu finden und mit ihnen viele andere Familien, die in Oberlungwitz, Zschopau, Olbernhau, Thalheim oder Auerbach einst ihre »Strumpfbude« hatten. Die Westverschiebung dieser Branche war geradezu komplett und zeigt, wie wesensfremd ganz besonders dem Sachsen ein Kombinat gewesen sein muß.
Im übrigen bedeuteten die »kollektivistischen Dinosaurier« einen brutalen Bruch mit den wirtschaftlichen Traditionen. Erich Loest blickt zurück: »Als das Maschinenzeitalter fortschritt, wurde die Kraft aller Flüsse und Bäche bis weit

hinauf ins Gebirge genutzt, Wehr hinter Wehr gebaut. Jede Fabrik konnte anfänglich nur so groß sein, wie die Energie es zuließ, die aus dem eigenen Mühlgraben kam. Jedem Tal folgte bald eine Eisenbahn, ihr Netz war nirgends auf der Welt so dicht wie zwischen Annaberg, Aue, Reichenbach und ins Thüringische hinüber ... Damals wurden Spinnereien, Webereien, Papierfabriken und metallverarbeitende Betriebe vom Hammerwerk bis zur Motorradfabrik in die Täler gequetscht, sie beschäftigten zwischen zwanzig und hundert Arbeiter, selten mehr. Die Unternehmer mußten alles sein: Erfinder und Techniker, Kaufleute und Werber, sie mußten mit ihren Leuten umgehen können, die sie in besseren Fällen mit Handschlag begrüßten ... So blühten zwischen Zittau und Zwickau Hunderte, Tausende von Fabriken und Fabrikchen und Werkstätten auf.«[25]

Es waren die kleinen Verhältnisse, die sie groß werden und dennoch bescheiden bleiben ließen. In Sachsen gab es keine Konzerne. Wenn jemand das Bonsai-Prinzip – Harmonie im Kleinen, aber ständig das Zeug zum Großen haben – wirklich jemals konsequent umsetzte, dann waren es die Sachsen: »Wir wollen ein bißchen besser sein, und dann wollen wir mit dem anderen ein Bier trinken.« Am liebsten gewiß ein Radeberger Pils.

Bei aller Geschäftigkeit muß Zeit zur Muße bleiben, und es gibt überhaupt keinen Grund, sich über das Lieblingswort der Sachsen lustig zu machen. »Gemiedlich« kommt von Gemüt. Und wenn es so richtig gemütlich zugeht, dann hat der Sachse jemanden bei sich, mit dem er die Dinge der Welt beschwatzen kann oder der seine Neugierde befriedigt.

Das tat Anton Philipp Reclam in Leipzig. Am 13. Novem-

ber 1867 kündigte das »Börsenblatt für den Deutschen Buchhandel« eine »Universal-Bibliothek« an. Reclam versprach »das Erscheinen sämmtlicher classischer Werke unserer Literatur, die ein allgemeines Interesse in Anspruch nehmen« – und zwar im preiswerten Taschenformat. Bis 1945 erschienen 7600 Nummern mit einer Gesamtauflage von über 280 Millionen Exemplaren. Johann Wolfgang von Goethes »Faust I« war die Nummer eins und kostete im Gründungsjahr nur zwei Silbergroschen. Die Weltliteratur war auf einmal so gut wie für jedermann erschwinglich, und das war natürlich ganz nach dem Geschmack der bildungshungrigen Sachsen.
Die weitere wirtschaftliche Entwicklung Sachsens und Deutschlands läßt sich im übrigen zumindest in groben Zügen an der Entwicklung des Kaufpreises für Reclams »Faust I« ablesen:

1. Januar 1917: 0,25 Mark
15. Januar 1918: 0,40 Mark
August 1922: 10 Mark
Dezember 1922: 180 Mark
August 1923: 24 000 Mark
15. September 1923: 4,2 Millionen Mark
30. November 1923: 330 Milliarden Mark
Dezember 1923: 0,40 Mark
1. Januar 1932: 0,35 Mark
Januar 1949: 1,20 DM
1. Juli 1965: 1,80 DM
1. April 1975: 3,20 DM
1. September 1976: 1,60 DM
1. April 1982: 2,10 DM
Ab 1. März 1990: 2,80 DM[26]

330 Milliarden Mark für ein Buch – kein Wunder, daß die seit 1912 von Reclam auf über 1000 Bahnhöfen eingesetzten Bücherautomaten in den zwanziger Jahren aus der Mode kamen. Zunächst aber hatte man mit diesem Marketingkonzept großen Erfolg: Hinter einer Glasscheibe waren zwölf verschiedene der später berühmt gewordenen Reclam-Heftchen zu sehen. Jedes trug ein Streifband, auf dem der Inhalt des Buches und Angaben über den Autor in knapper, prägnanter Form zusammengefaßt waren. Das Angebot wechselte ständig, da bei jedem Kauf der vorderste Band herunterfiel und ein neues Heft sichtbar wurde. Vor dem Ersten Weltkrieg betrug der Verkaufspreis nur zwanzig Pfennig.

1947 wurde der Reclam-Verlag als GmbH in Stuttgart wieder gegründet, und die Universalbibliothek wurde erneut aufgebaut. Seit 1958 firmiert man wieder unter dem Traditionsnamen Philipp Reclam jun., und wer noch das eine oder andere Bändchen aus seiner Schulzeit oder gar aus dem Automaten besitzt, wird sich davon gewiß nicht ohne Not trennen wollen.

Wenn von der Bücherstadt Leipzig gesprochen wird, müssen wenigstens noch Georg Joachim Göschen (Verleger Goethes, Schillers, Klopstocks und Wielands), Anton Kippenberg (Insel-Verlag), Paul List, Konrad Duden und Friedrich Arnold Brockhaus erwähnt werden – zumal letzterer in seiner Ausgabe von 1955 den Sachsen als »helle, betriebsam und wendig, vermittelnd und anpassungsfähig, humorbegabt und Freund gemütlicher Geselligkeit« beschreibt.

Sachsen macht(e) alles – Wanderer in Chemnitz, DKW in Zschopau, Musikinstrumente in Klingenthal und Markneukirchen, Spitzen in Plauen und Annaberg, Ansichtskarten in Reichenbach und natürlich Weihnachtspyramiden in Schneeberg. Mit der »Pappe« aus dem Betrieb »Sachsenring« ist es nun allerdings vorbei. Aber wir werden die »Gehhilfe aus Zwickau« noch lange in Auge, Ohr und Nase behalten. Hier muß aber schon gesagt werden, daß dieses Automobilchen nur legendär wurde, weil es den 9. November 1989 markiert hat, jenen denkwürdigen Tag des Wiedersehens auf dem Kurfürstendamm und anderswo – typisch sächsisch ist es aber ganz bestimmt nicht.

Und wie geht es in der ältesten deutschen Industrieregion weiter? »Wir haben die besten Perspektiven, ein Traumland zu werden«, meint Kajo Schommer, sächsischer Minister für Wirtschaft, Verkehr und Arbeit. »Die Kessel sind angeheizt, nun müssen wir nachlegen, und dann donnern wir los.«

Vom Aphrotittchen geküßt

»Ja, is denn das de Meechlichkeit...«
Ausdruck klassisch-sächsischer Gemütsart

Der Versuch, in die seelischen Tiefenschichten anderer Menschen vorzudringen, ist ein gewagtes Unternehmen, denn nur zu schnell fängt man sich in der Schlinge seiner eigenen Psychologie. Wer sich selbst beispielsweise für besonders schlau hält, mag dazu neigen, andere in dieser Hinsicht zu unterschätzen, und wer mit den eigenen Lebensplänen nicht so recht vorankommt, empfindet das Gras des Nachbarn als besonders grün. Der halbwegs freie Blick ist schwer zu haben.

Aber man kann im ersten Angang jene zwei Dichter und Denker befragen, die einst dem Ruf des kleinen sächsisch-ernestinischen Territorialfürsten Carl August folgten und sich in Weimar ansiedelten – Goethe und Schiller. Letzterer gibt seine Anweisung zur Menschenkenntnis in folgendem Doppelvers weiter:

»Willst du dich selber erkennen, so sieh, wie die andern es treiben;
Willst du die andern verstehen, blick' in dein eigenes Herz.«

Unser Selbstbild hängt von den Beobachtungen ab, die wir an unserer Mitwelt machen können, und diese wiederum wird verständlicher, wenn wir hin und wieder selbstkritisch in uns gehen. Später setzt Goethe hier nach und bestätigt seinen jungen Dichterfreund: »Gib einigermaßen Acht auf dich selbst, nimm Notiz von dir selbst, damit du gewahr werdest, wie du zu deinesgleichen und der Welt zu stehen kommst.«[27]

Menschenkenntnis ist folglich ein Problem der Wahrnehmungspsychologie, und deren Gesetzmäßigkeiten lassen sich nicht kurzerhand aushebeln. Dies zeigt sich schon daran, daß man eine optische Täuschung zwar als solche »erkennen« kann, sie sich aber dem Betrachter dennoch weiterhin aufzwingt. Ähnlich verhält es sich mit den symmetrischen Tintenklecksfiguren des schweizerischen Psychologen Hermann Rorschach. Je nach »Lust und Laune« projizieren die meisten Betrachter in diese in Wirklichkeit sinnfreien Flächenfiguren bestimmte Inhalte wie etwa Drachen, startende Raumschiffe oder sekundäre Geschlechtsmerkmale.

Bereits Arthur Schopenhauer machte auf diesen Tatbestand aufmerksam, als er feststellte: »Nicht was die Dinge objektiv und wirklich sind, sondern was sie in unserer Auffassung sind, macht uns glücklich oder unglücklich.« Das kann man insofern noch erweitern, als nämlich die Auffassung, die wir von anderen Menschen haben, diese anderen Menschen in der Regel kaum kalt läßt.

Die Schwaben besitzen nicht nur die größten Bausparkassen, sie stellen auch den prozentual größten Anteil an Bausparern unter allen Ländern. Fleiß, Sparsamkeit und Besitzstreben haben sich über die Zeit im Bild des »Häusle-Bauens« verdichtet und als Stammescharakteristikum festgesetzt. Kein Wunder also, daß Nicht-Schwaben vom Schwaben erwarten, daß er selbstverständlich nach Wohnbesitz strebt und vielleicht auch noch, gewissermaßen als Steigerung, ein »Fabrikle« betreibt.

Und damit wäre man bei den Rollenerwartungen, denen Landsmannschaften ausgesetzt sind. Bayern haben bodenständig-derb, Rheinländer leichtlebig-jovial und Hamburger »plietsch« wie Klein Erna zu sein. Der Völkerkundler Willy Hellpach spricht vom »Konventionstemperament« und meint damit jene Mischung aus Wir-Bewußtsein und gebündelter Rollenerwartung von außen, die den sogenannten Stammescharakter ausmacht.
Da ist zweifellos etwas dran. Was wir tun können, so jedenfalls sehen es die Psychologen, hängt davon ab, was wir glauben, tun zu können. Und was wir glauben, tun zu können, hängt davon ab, was andere glauben, was wir tun können. Und deshalb hängt das, was wir tun können, davon ab, was andere glauben, was wir tun können.
»Nichts«, und damit liegt der Theologe Adolf von Harnack auf der gleichen Linie, »kann den Menschen mehr stärken als das Vertrauen, das man ihm entgegenbringt.« Diese These versuchten die amerikanischen Psychologen Robert Rosenthal und Leonore Jacobson mit einer raffiniert ausgeklügelten Untersuchung zu überprüfen: Sie besuchten eine kalifornische Grundschule und erklärten den Lehrern, daß sie an einem wichtigen Forschungsprojekt über Intelligenzmessung arbeiteten und unter anderem feststellen könnten, daß alle Kinder in ihrer schulischen Entwicklung Hügel, Ebenen und Täler zeigen. Das wird für die Lehrer nicht neu gewesen sein – neu war für sie aber der »Harvard-Test of Inflected Acquisition«, mit dem man potentielle »Aufblüher« angeblich beizeiten identifizieren konnte. Und tatsächlich spürten die Experimentatoren zur Freude der Lehrer mehrere Kinder auf, die den Testresultaten zufolge unmittelbar vor einem enormen Entwicklungsschub standen. So weit, so gut.

Acht Monate später erschienen die Forscher verabredungsgemäß ein weiteres Mal, um eine Testwiederholung durchzuführen, und fanden, was sie erwartet hatten: Die gegenüber den Lehrern nach den Testergebnissen als »Aufblüher« bezeichneten Kinder hatten sich im Vergleich zu den »Nicht-Aufblühern« in ihren Schulnoten deutlich verbessert. Natürlich gab es weder einen »Harvard-Test of Inflected Acquisition« (es handelte sich um einen üblichen IQ-Test) noch wirkliche »Aufblüher« – Rosenthal und Jacobson hatten einfach einige Namen aus einem Hut gezogen. Die ganze Sache war getürkt. Die Ausgelosten profitierten dennoch in doppelter Hinsicht davon, denn der zweite Test bescheinigte ihnen obendrein erhöhte IQ-Werte.[28]

Pygmalion grüßt aus lichter Vorzeit, jener sagenhafte König von Kypros, der sich – wie Ovid berichtet – in die von ihm selbst gefertigte Statue einer Jungfrau verliebt hatte. Die Göttin Aphrodite belebte sie auf seine Bitten mit einem Kuß, und er nahm sie zur Gemahlin. Das Bild, das er sich machte, wurde Wirklichkeit, und in diesem Sinne reden wir heute vom »Pygmalion-Effekt«.

Wenn also alle Welt den Sachsen zutraut und zuruft, daß sie im Osten ein zweites »Ländle« aufbauen werden, dann werden sie es auch tun. Bereits vor der Landtagswahl 1990 konnten sie sich in den überregionalen Medien vergewissern, daß man ein wohlgefälliges Auge auf sie geworfen hatte. Von Aufmachern wie »Was wäre Deutschland ohne die Sachsen?« bis »Die Sachsen legen ein besonders scharfes Tempo vor« war ziemlich alles zu haben.

Eine große Publikumszeitschrift stimmte in das hohe Lied auf ihre Weise ein: Unter der Headline »Was sich über Nacht in Deutschland verändert hat« veröffentlichte sie eine »Rauf-Runter-Liste«, auf der ganz oben und mit stei-

gender Tendenz – sinnigerweise zwischen Aldi und VW-Chef Hahn – Sächsisch rangierte. Und eine französische Studie sieht im Süden der neuen Bundesrepublik bereits die Konturen eines »fünften Drachen« – nach Hongkong, Singapur, Taiwan und Südkorea. Das Aphrotittchen wird sich da wohl nicht lange bitten lassen.
Mit dem Wünschen allein ist es freilich nicht getan, und Rollenerwartung und Rollenerfüllung sind ja keine Selbstgänger. Konkret: Die Gründe, die dazu geführt haben, daß man dem Stamm der Sachsen so manches nachsagt, mußte dieser zunächst einmal aus eigenem liefern. Sie wurzeln in seiner Geschichte und in seinem Naturell.
Nähern wir uns der klassisch-sächsischen Gemütsart und Denkweise mit Hilfe eines Gedichts. Es stammt von dem zeitgenössischen Dresdner Poeten Thomas Rosenlöcher, bis heute in Sachsen lebend und nach Auskunft seines Verlages ein »real existierender Phantast«. Dieser höchst bewußte Sachse erzählt die Geschichte von einem Mann, der auf der Tanzdiele mit einer Nymphomanin zusammentrifft. Was an der Fabel interessiert, ist die Art und Weise, wie der Mann auf diese Begegnung reagiert.

»Des Kreischens Brummbaß

Das Fest war war ziemlich müde, komm
mach mich mal lustig, sagte sie
und küßte mich, mir fehlte fast die Zunge.
Da schlichen wir, sternklar der Januar,
hinaus und eins hielt sich am andern
im Gehen fest. Mein Gott, sind wir denn Tiere,
dachte ich noch und lehnte sie ans Haus,
darin des Kreischens Brummbaß stetig klopfte.
Doch sie sprach los. Ich konnte kaum die Menge

der Schnüren, Bänder ihres Leibchens lösen,
doch als ich da war, war es da ganz warm,
daß wir momentlang flüsternd schwiegen
und nur des Kreischens Brummbaß weiterklopfte.
Mehr weiß ich nicht. Ich glaube, daß ein Mensch
auf finstrem Steig vorüberhastete.
Die Straßenbahn mit aufgesteckten Lichtern
rasselte plötzlich mitten durch uns durch,
daß heller Tag war in der dunklen Nacht,
und endlich auch des Kreischens Brummbaß schwieg.
So standen wir noch etwas beieinander,
eh sie erneut mit wem davonschlich, dem,
mach mich mal lustig, fast die Zunge fehlte.«[29]

Karl Mickel, der dieses Gedicht rezensiert hat, ist davon überzeugt, daß der Einheimische den Ort des Geschehens mühelos identifizieren könne: das Volkshaus Laubegast in Dresden. Und was erfahren wir nun über das sächsische Naturell? Karl Mickel kommt zu der folgenden Analyse: »Das selbstverständlich rabiate weibliche Ansinnen signalisiert eine verkehrte Welt. So herum funktioniert der nichtprofessionelle Sexualkontakt noch lange bei weitem nicht überall. Dergestalt aber tritt Frau Welt tagtäglich jedwedem gegenüber: mach mich mal lustig, und dann steht er da.«[30]
Und was denkt er bei sich? »Ja, is denn das de Meechlichkeit . . .« Der Sachse kann sich noch wundern, ohne gleich alles zerreden zu müssen. Das nymphomane Persönchen verkörpert die Welt, wie sie ist. »Wie! – so wäre denn dieses Bumslokal, das Volkshaus Laubegast, ein Mikrokosmos?« – »Nu freilich. Wenn doch's Aphrotittchen drinne rumläufd.«

Aber man muß bei den Sachsen ja gar nicht unbedingt antike Göttinnen befragen – der Geist des seligen Oemichen aus Borna tut's doch auch, denn wie der in den Himmel kam, hat er folgendes erlebt und zu erzählen: »Da lehnt eener am Zaun. Ich sage: Oemichen. Där sagt: Bedrus. Wo woll'n Se denn hin? In'n Himmel. Da gehn Se zwee Stieg'n nuff, Zimmer 247, da glopfen Se an, da wird Ihnen aufgedan. Ich gähe nuff, ich glopfe an, mir wird nicht aufgedahn ...« Oemichen versucht es mit Gewalt. »Un was glob'n Se wohl? Da steht unser Herr Chesus in seiner ganzen Herrlichkeit und saacht: Cha – se glemmt 'n bißchen.«

Die Sachsen brachten seit der Reformation die Maßstäbe durcheinander, und wenn man über einen weiteren Grundzug ihres Stammescharakters befinden will, dann zeichnet sie das erkennende Kopfschütteln darüber aus, daß etwas tatsächlich ist, wie es ist. Und wenn das so ist, dann darf man sie darum beneiden. Denn dann haben sie den Kuß der Aphrodite auch verdient, und dann wird Sachsen ganz bestimmt wieder zum Land der »eurobäischen Midde«.

Sachsen über Sachsen

»Der müßte selber ein
(Und würde kein) Sachse sein,
Der einmal recht ihre Vorzüge sagt.«
Joachim Ringelnatz, Sachse

Der Mann auf der Straße: Frithjof Stuckatz

»Kann ich Ihnen helfen?« – »Danke – ich sehe mir nur die Schloßruine an . . . da tut sich ja etwas . . .« – »Bis das fertig ist, sind Sie Großvater.« – »Aber es ist ja auch sonst toll, was es hier alles zu sehen gibt. Ich kam eben am ehemaligen Stallhof vorbei . . .« – ». . . 24 000 Porzellankacheln, und es war ein Erzgebirger, Wilhelm Walter, der diesen Fürstenzug zuallererst in Sgraffito ausgeführt hat, und 1905 wurde dann, weil das Sgraffito verblaßte und dergleichen . . . da wurde diese 106 Meter lange Arbeit in Meißner Porzellanplatten ausgeführt. Sie interessieren sich wohl für Dresden?« – »Ja, natürlich.« – »Dann kommen Sie doch heute abend einfach zu uns nach Hause. Stuckatz, Frithjof Stuckatz . . . Auf dem Eigen 9 . . .«
Dieser Stuckatz, vielleicht Anfang Fünfzig, gelernter Funktechniker, wie sich herausstellen sollte, hatte offenbar den Reichtum der sächsischen Kultur assimiliert. Kurzum – dieser Stuckatz war mein Mann. – Drei Stunden später . . .

Stuckatz: Wir sprachen ja vorhin schon über den Fürstenzug. Es ist wie ein Wunder gewesen . . . In den Stallhof fiel östlich ein großer Sprengbombentreffer und hat das Innere des Stallhofes verwüstet – aber dieser Fürstenzug blieb fast erhalten. Und weil es Fürsten waren und die Russen die Fürsten nicht leiden konnten, war – nachweisbar – diese Sache schon mal zur Sprengung akut gewesen. Nur gut, daß dann die Vernunft gesiegt hat.
M-T: Das ist ja alles ganz spannend . . .
Stuckatz: Sähn Se . . .

M-T: . . . aber wer steht Ihnen denn von diesen 35 Markgrafen, Fürsten und Königen persönlich am nächsten?

Stuckatz: Also, ich möchte Friedrich August (August der Starke, Verf.) nennen und seinen Sohn. Aber, man muß sagen, jeder hatte in seiner Epoche ein Quentchen dazu beigetragen, daß dieses sächsische Land mit seinen einfachen Sumpfwaldbewohnern – so ist nämlich das Wort Dresden übersetzt worden, Dresd'any, Ur- oder Sumpfwaldbewohner – zu einer blühenden Stadt und einem blühenden Staat wurde. Ob es nun Markgraf Otto der Reiche war, am Anfang des Fürstenzugs, oder dann eben August III., der Sohn von August dem Starken – der nicht viel mit'm Regieren so hatte – dafür hatte er ja den Brühl, seinen Premierminister – aber dem verdanken wir ja die Madonna.

M-T: Und der letzte Sachsenkönig, Friedrich August III. – der mit dem Ausspruch »Macht euern Dreck alleene«?

Stuckatz: Der Mann gab sich nicht in majestätischer Pose. Er ging im einfachen Anzug durchs Volk spazieren und war sehr verbunden. Und das erwarten wir am Ende – wenn ich es auf heute beziehen darf – auch von Herrn Biedenkopf. Daß er praktisch, wie es Luther sagt, dem Volk aufs Maul schaut.

M-T: Ist er der neue kleine König der Sachsen?

Stuckatz: Das ist ja jetzt unser Ministerpräsident und – wir wollen ihn nicht wie einen König verehren, aber wir wollen ihm hoffentlich eines Tages Dank sagen können.

M-T: Wenn Sie wollten, könnten Sie dann so sächsisch sprechen, daß ich nichts mehr verstehe?

Stuckatz: Also – das würde ich hier nicht wagen wollen. Aber am Ende könnten Sie das besser verstehen als wir etwa Plattdeutsch.

M-T: Es ist ja nun so, daß der sächsische Dialekt – ich sage das einmal so – eher unbeliebt ist . . .

Stuckatz: Ja? – Aber wir bemühen uns, ein ordentliches Deutsch zu sprechen. Wir sind viel durch unsere alte DDR gefahren, und ich habe die Menschen gebeten, sprechen Sie doch etwas langsamer. Es gibt ja auch hier, im Raum Dresden, schon wieder ganz andere, ich will mal sagen, Sprachmomente. Das Wort Renate – ja, das wird in Freital – angrenzend an Dresden – ganz anders ausgesprochen als etwa das Renate in Radebeul. Und dann gibt's natürlich das Erzgebirgsche und das Chemnitzsche – und die singen dort auf alle Fälle. – Und die aus der Leipzscher Gegend – mit Garl, der de Gellerdreppe rundergollert, ja, mit Gohlgeppe –, die singen wiederum anders. Und wenn Sie sich mit einem aus der Oberlausitz unterhalten, da kriegen Sie 'ne Mauke vorgesetzt, und das ist dann Gardoffelbrei.

M-T: Die Sprache, heißt es, sei eng mit dem Wesen des Menschen verbunden. Wie ist denn das Wesen des typischen Sachsen?

Stuckatz: Nu, wir Sachsen haben unsere Mucken. Wenn es drauf ankommt, kann der Sachse einen Granitschädel haben, aber ansonsten ist er eben doch recht gemütlich und ansprechbar. Und ich höre auch immer wieder, daß er recht freundlich ist, gastfreundlich, nicht nur jetzt hier, weil wir uns zufällig begegnet sind. Sie sind ja jetzt hier in Briesnitz, und das ist vielleicht interessant – itze, Orte, die auf -itze enden, die sind slawischen Ursprungs: Pillnitz, Osteritz, Peuritz, Loschwitz . . .

M-T: Noch eine Frage, Herr Stuckatz: Was machte Sachsen und die Sachsen eigentlich immer so besonders erfolgreich?

Stuckatz: Nu, der Spatz in der Hand ist uns viel lieber als die Taube auf dem Dach. Das, was wir wirklich haben, das ist das, was wir verzehren können.

Der Staatsminister: Arnold Vaats

Die Verfassung des Freistaates Sachsen trägt seine Handschrift. Doch bevor der Mathematiker Arnold Vaats im Jahre 1990 zum Vorsitzenden des Koordinierungsausschusses für die Vorbereitung des Landes Sachsen berufen wurde, hatte er in seinem Leben eine Menge Unannehmlichkeiten durchzustehen. Arbeitslager wegen Verweigerung des Reservistendienstes und Zurückstufung als Schichtleiter bei den Leuna-Werken – das sind nur zwei Beispiele für Drangsalierungen, denen der Vater dreier Kinder ausgesetzt war.
Beim friedlichen Aufstand gegen das SED-Regime war er als Mitglied der »Gruppe der Zwanzig« von Anfang an dabei. Nach Mitarbeit in der Jungen Gemeinde fand der Dresdner zum zunächst noch verbotenen Neuen Forum und wurde dessen Pressesprecher. Im Frühjahr 1990 trat Vaats in die CDU ein und wurde im Alter von 35 Jahren Minister und Chef der sächsischen Staatskanzlei.

M-T: Der gute Politiker hat ein Gespür für die Stimmungen und Seelenlagen im Lande. Wie sind die Sachsen derzeit aufgelegt?
Vaats: Das Volk verlangt zwei Sachen. Erstens: Diejenigen, die früher den Verwaltungsvollzug übertragen bekommen haben, möchte das Volk im Verwaltungsvollzug nicht mehr sehen. Zweitens: Die Verwaltung soll besser funktionieren, als sie zu SED-Zeiten funktioniert hat. Das beides zusammen geht nicht. Man kann das nur machen, wenn sich in den alten Bundesländern das Bewußtsein dafür schärft,

daß die Folgen der deutschen Einheit so lange positiv sind, solange die Westländer bereit sind, personell, finanziell, logistisch und administrativ zu helfen.

M-T: Inwieweit besinnen sich die Sachsen denn wieder auf ihre alten Tugenden, also auf ihre Vergangenheit? Oder ganz persönlich gefragt: Ihr Weg in die Staatskanzlei führt ja täglich an einem goldenen Reiter vorbei – August der Starke. Sehen Sie den überhaupt noch? Und wenn ja – sehen Sie ihn gern?

Vaats: Den sehe ich sehr wohl. Er sitzt auf einem Pferd, das sich aufbäumt. Und natürlich verkörpert er Sachsenidentität. Wenn Sie bloß einmal nachrechnen, wieviel seine über 300 Kinder an Nachkommen gehabt haben müssen bis zum heutigen Tag, dann können Sie feststellen, daß sehr viele sächsische Familien große Vorfahren haben müssen.

M-T: Das habe ich kürzlich auf laienhafte Weise auch zu berechnen versucht. Ich hätte Sie als Mathematiker darum bitten sollen ...

Vaats: Ich bin aber jetzt im Augenblick kein Mathematiker – wenn ich später einmal wieder Mathematiker bin, können Sie mir die Frage stellen. Jedenfalls ist die Identifikation mit August dem Starken eine nahezu dynastische für alle ...

M-T: Sie liegt den Sachsen also im Blut ...

Vaats: Möglicherweise. Nicht den Sachsen insgesamt, aber bestimmt ist das sächsische Blut nicht ganz unverschont geblieben davon.

M-T: Das ist also das Selbstbewußtsein, das die Sachsen aus ihrer Geschichte ableiten ...

Vaats: Also Spaß beiseite. Es ist folgendes: Die sächsischen Traditionen reichen natürlich weiter zurück als bis zu August dem Starken. Es geht hier ja eigentlich um die

Geschichte der Mark Meißen und um einige herausragende Figuren dieser Geschichte, die gewissermaßen stilbildend waren, auch für das sächsische Selbstbewußtsein. Zum Beispiel Otto der Reiche – Otto der Reiche und die Entdeckung des Silbers. Das ist nach wie vor natürlich ein Teil des Selbstverständnisses der Sachsen. Und das hat nicht nur industrielle Folgen gehabt, sondern hat sich auch im Bereich der Gelehrsamkeit entscheidend ausgewirkt. Die Bergakademie Freiberg ist ein Kleinod der sächsischen Hochschullandschaft. – Gut, ich wollte nur sagen, es ist nicht ganz legitim, wenn man ausschließlich August den Starken in den Mittelpunkt stellt.

M-T: Waren Sie denn am Tage der Wiedervereinigung auch auf der Albrechtsburg?

Vaats: Ja, natürlich – ich habe das ja mitorganisiert.

M-T: Warum ausgerechnet da?

Vaats: Aus einfachen, selbstverständlichen Gründen: Es gab keinen würdigeren Rahmen dafür. Hier fing alles einmal an.

M-T: Herr Minister, Sie geben ja nun ein gutes Beispiel für historische Kenntnisse, vielleicht auch für Traditionsbewußtsein. Die Sachsen wollten wieder Sachsen werden, und sie sind es mit Ihrer maßgeblichen Unterstützung auch wieder geworden. Wieso waren die Menschen hier in einem Punkt überhaupt nicht traditionsbewußt – ich meine, es gab schließlich ja einmal das »rote Königreich«?

Vaats: Es fällt mir schwer, jetzt unbefangen darüber zu spekulieren. Aber ein Grund ist sicher darin zu sehen, daß in Sachsen mit dem Sozialismus die bittersten Erfahrungen gemacht wurden. Mit Sachsen ist der alte friderizianische Spruch praktiziert worden: »Sachsen ist wie ein Mehlsack. Man muß nur draufschlagen – es kommt immer was heraus.« Das heißt also, die Art und Weise, wie mit sächsischer Grundsubstanz dieses Potemkinsche Ost-Berlin aufgebaut worden ist, hat die Sachsen innerlich zutiefst getroffen. Auch deshalb ging von hier die Revolution aus.

M-T: Ausgerechnet vom Tal der Ahnungslosen . . .

Vaats: Wissen Sie eigentlich, wie sich dieses Tal der Ahnungslosen ausgewirkt hat? In Sachsen hat man den Sozialismus stärker als anderswo empfunden. Folgender einfacher Tatbestand: Der Thüringer konnte abends, wenn er von seiner Arbeit nach Hause gekommen ist, Westfernsehen einschalten. Er konnte sich vor den Fernseher setzen, sein Bier trinken und war im Westen. Er hat genau dasselbe Bild vor Augen gehabt, das sein hessischer Freund oder Verwandter auch vor Augen gehabt hat. – Der Sachse hat auch seinen Arbeitstag hinter sich gehabt, etwa hier in Dresden – er ist auch nach Hause gegangen und hat den Fernseher eingeschaltet und ein Bier getrunken. Und was hat er dort gesehen? Er hat dasselbe gesehen, was er täglich mit mehr oder weniger Erfolg auf Arbeit von sich ferngehalten hat. Das hat er abends zu Hause gesehen. Während der Thüringer neue Bilder gesehen hat, hat sich beim Sachsen im Bauch etwas zusammengebraut.

M-T: Ein Blick nach vorn: Eine französische Studie prognostiziert in diesen Tagen, daß vor allem im Süden der neuen Bundesländer ein fünfter Drache entstehen werde – nach Hongkong, Singapur, Taiwan und Südkorea. Sachsen – der fünfte Drache?

Vaats: Es widerspricht meiner politischen Musikalität, hier ja oder nein zu sagen, weil es allzu abwegig ist. Mit diesen Ländern verglichen zu werden bedeutet, daß Sachsen ein Billigproduktionsland ist. Und davon halte ich natürlich gar nichts. Ich bin anderer Auffassung. Ich denke, es wird irgendwann die Hemmschwelle für Investitionen fallen. Und dann sollte man nicht verkennen, daß Sachsen neben der Tatsache, daß es ein Produktionsstandort ist, auch den Weg freigeben könnte in einen großen, neuen Markt nach Osten und nach Süden. Das wird keine Domäne der Sachsen, aber es spricht alles dafür, daß der sächsische Anteil an diesem Markt überproportional sein wird.

M-T: Herr Minister, ein Marktforschungsinstitut hat einmal eine Beliebtheitsrangordnung deutscher Mundarten erstellt. Platz eins: Plattdeutsch. Und das Schlußlicht unter den vielen verschiedenen Dialekten: Sächsisch. Wie kann man damit leben?

Vaats: Und dann nehmen wir noch das Schwäbische und das Bayrische, und dann wagen wir doch mal die Aussage, daß die Beliebtheit der Mundart möglicherweise umgekehrt proportional zur wirtschaftlichen Effizienz ist.

M-T: Ich danke dem Staatsminister und Mathematiker für diese Auskünfte.

Der Manager: Gerd Schwarze

Gerd Schwarze ist gelernter Dreher und Fertigungsingenieur und seit Anfang 1990 Geschäftsführer der Nagema Verpackungsmaschinen GmbH. Ob es um Karamellen, frische Landbutter oder Bücher geht – die Nagema verpackt nun schon in der vierten Generation Güter der verschiedensten Art.

Seit der Dresdner Gerd Schwarze die Verantwortung für das Unternehmen übernommen hat, weht ein anderer Wind: Adam Riese steht wieder hoch im Kurs, denn die Kostenrechnung wurde eingeführt. Die Zeit der Dumpingpreise ist vorbei – der Markt hat das Sagen.

Wird es gehen? Die Personalberatung Mülder & Partner hat im Auftrage der Zeitschrift »manager magazin« rund 250 Führungskräfte zwischen Stralsund und Plauen auf ihre Markttauglichkeit hin begutachtet und unter anderen Gerd Schwarze als »Hoffnungsträger« und potentiellen »Manager des Jahres (Ost)« ausgemacht. Er selbst sieht die Lage so:

M-T.: Der größte Optimist im Hinblick auf die Entwicklung in Sachsen sitzt in Berlin – unser mittlerweile aller Kartellwächter Wolfgang Kartte. »Wenn wir nicht aufpassen«, sagte er kurz vor der Vereinigung, »dann fressen uns die Sachsen in fünf Jahren kalt zum Frühstück.« Müssen sich die Ex-Wessis warm anziehen?

Schwarze: Na ja, ich habe jetzt keine Vergleichswerte zu den anderen Bundesländern, den neuen Bundesländern, aber man vergleicht ja im allgemeinen den schwäbischen

Maschinenbau mit dem sächsischen, und insofern kann ich das aus meiner Branche beurteilen – und da würde ich schon sagen: Es wird einiges entstehen.

M-T: Vierzig Prozent des gesamten Investitionsvolumens westdeutscher Firmen in den neuen Bundesländern fließen zur Zeit nach Sachsen. Wo liegen die Gründe?

Schwarze: Vielleicht liegt es daran, daß es in Sachsen eine gute Basis gibt. Das ist schon immer so gewesen, sowohl in Dresden, in Chemnitz, in Plauen . . . da gab es schon immer sehr gute Maschinenbaubetriebe: den Werkzeugmaschinenbau, den Spinnereimaschinenbau, den Textilmaschinenbau. Das sind Industriezweige, die für meine Begriffe schon immer Produkte gemacht haben, die gut waren, ich rechne mal unsere auch ein, den Verarbeitungsmaschinenbau. Und auf dieser Basis läßt sich schon vieles machen. Insofern kann ich das bestätigen, daß sich da eine Menge tun wird.

M-T: Es wird also an alte Traditionen angeknüpft?

Schwarze: Wenn ich das einmal bei uns sehe – hier in Dresden waren ja angesiedelt die Firma Otto Hänsel Maschinenbau, heute in Hannover, und die Firma Lösch, die heute zum Piepenbrock-Konzern gehört, die Firma Gäbel – das sind traditionelle Maschinenbauunternehmen, die hier gewachsen sind. Und daran knüpft schon vieles an.

M-T: Nun heißt es ja, daß die Sachsen besonders elastisch seien – in den vergangenen Jahren sprachen deshalb gehässige Zungen von der vierten Besatzungsmacht. Jetzt ist Anpassung an die Marktwirtschaft gefragt. Wie sieht das denn diesbezüglich bei Ihren Mitarbeitern aus?

Schwarze: Es gibt viele, die sich in dem einen Jahr, das jetzt hinter uns liegt, doch schon ganz wesentlich umgestellt haben. Was wachsen muß, ist, daß auf allen Ebenen, auf allen Führungsebenen dieses marktwirtschaftliche Denken zum Tragen kommt. Das Bemühen ist bei sehr vielen da, und ein paar Leute gibt es immer, denen das nicht so gelingt. Es ist ja auch nicht einfach zu begreifen – zu begreifen vielleicht noch, aber auszuführen –, was Marktwirtschaft bedeutet.

M-T: Was tut sich denn auf dem Sektor Personalentwicklung beziehungsweise Personalförderung in Ihrem Betrieb, der Nagema?

Schwarze: Wir haben damit begonnen. Und da gibt es auf seiten der Mitarbeiter eine große Bereitschaft.

M-T: Ist da der oft zitierte Bildungs- oder Lernhunger der Sachsen mit im Spiel?

Schwarze: Ich weiß nicht, wie das in den anderen Bundesländern ist, aber wir verzeichnen das. Wir verzeichnen bei vielen eine relativ große Bereitschaft, sich zu qualifizieren – neben ihrer Arbeit. Wo früher zu hören war: Also, wenn ich mich jetzt qualifiziere, dann kann ich meine Arbeit nicht machen, ist das heute so, daß man trotzdem seine Arbeit macht.

M-T: Eine persönliche Frage: Sie sind der Geschäftsführer eines ja gewiß nicht kleinen Unternehmens. Inwiefern kommt bei dieser Aufgabe der Sachse in Ihnen zum Zuge? Oder geht es nur um den Techniker, den Kaufmann und den Informatiker?

Schwarze: Sicher ist gefragt, daß man sich fachlich bewährt, aber den Sachsen sagt man ja nach, daß sie relativ gemütlich sind. Das ist schon so, und diese Lebensphilosophie, die kann man relativ gut übertragen, sie schafft Atmosphäre, sie schafft ein Klima, in dem die Menschen nicht aneinander vorbeigehen.

M-T: Alfred Herrhausen, der einem Attentat zum Opfer gefallene frühere Sprecher der Deutschen Bank, sagte einmal: »Fünfzig Prozent der Wirtschaft sind Psychologie.« Können Sie das bestätigen?

Schwarze: Ja, das würde ich auf jeden Fall bestätigen – mindestens fünfzig Prozent.

M-T: Wie ist denn die Stimmung? Der Titel des Buches heißt ja »Die Sachsen kommen«. Wann sind sie denn voll da?

Schwarze: Es ist recht bald soweit. Wenn Sie heute hier hereingekommen sind, da sah dieses Pförtnerhäuschen früher unscheinbar aus, und jetzt ist es schön weiß gestrichen, und wenn wir jetzt hier herumgehen würden im Betrieb, da lag früher vieles an alten Beständen herum, an Schrott und so – das wurde einfach weggeworfen, teilweise beiseite gestellt –, das ist heute alles weg, ringsum ist alles aufgeräumt. Insofern sind viele bemüht, auch vom Äußeren her, sich westlichem Standard anzugleichen, ja, und das wirkt dann auch wieder nach innen, zum Beispiel im Hinblick auf die Qualität.

M-T: In einer Dresdner Zeitung las ich neulich folgende Anzeige: »Sächsisch und Marktwirtschaft? Unmöglich! Nehmen Sie Sprechunterricht.« Haben Sie schon an derartige Kurse, zum Beispiel für Ihren Außendienst, gedacht?

Schwarze: Nein. Wir sagen immer: Sächsisch for you!

Der »feindlich-negative« Schriftsteller: Erich Loest

Der Schriftsteller Erich Loest wurde 1926 in Mittweida geboren, der (fast) geographischen Mitte Sachsens, wie er einmal vermerkt hat. Und weiter: »Ich wuchs auf als Saxozentrist. Großeltern und Eltern nahmen mich mit zum Völkerschlachtdenkmal, ins Grüne Gewölbe von Dresden und auf den Fichtelberg.«
Erich Loest ist im Sachsentum verwurzelt. Sein Lebensweg: Soldat, Redakteur der »Leipziger Volkszeitung« und Zuchthäusler. Von 1957 bis 1964 saß Loest als »Politischer« in Bautzen. Nach jahrelangem Ärger mit der Zensur und andauernder Bespitzelung durch den Stasi muß der »feindlich-negative Schriftsteller Erich Loest« 1981 seine Heimat verlassen. Die SED wollte einen Mann loswerden, der viele Nachteile in Kauf nahm, um sich selbst treu bleiben zu können – auch als Sachse.

M-T: In Ihrem Buch »Der Zorn des Schafes« haben Sie ein Bekenntnis abgelegt: »Was auch geschehen wird, eines bleibt gültig bis an mein Lebensende: Ich bin kein Berliner.«
Loest: Na ja – das hängt natürlich damit zusammen, daß die Preußen den Sachsen soviel Böses getan haben. Und das steht am Ende eines Kapitels über die Beziehungen der Sachsen zu den Preußen, all die vielen Kriege – und dann auch noch der letzte Versuch, der DDR-Versuch, die Länder auszuschalten, diese Begriffe wie Sachsen oder Thüringen ins Vergessen zu bringen und von Berlin aus – wieder

einmal von Berlin aus – zu regieren, mit zentralistischen Mitteln.

M-T: Und das bedeutete dann ja auch, daß sich die Sachsen von ihrem Sachsentum zu verabschieden hatten . . .

Loest: Wir Sachsen sollten uns auf Berliner Befehl aus unserer Identität herauswursteln, um in ein DDR-Gefühl hineinzukommen – und siehe da: Dieses hat, auch zu meiner Überraschung, überhaupt nicht geklappt. Überall, vor allem aber in Dresden, kam und kommt dieses Sachsengefühl wieder hoch.

M-T: Dresden – hat das etwas damit zu tun, daß dort die Auguste residierten?

Loest: Das ist das Hauptstadtgefühl. Und das ist die Stadt Augusts des Starken – wie Leningrad die Stadt Peters ist. Es gibt nicht viele Städte, die eben so auf eine Person ausgerichtet sind. Vor allem aber haben sich die Menschen immer als Bewohner einer wunderbaren Stadt gefühlt, und das hat sich auch nicht durch die furchtbare Zerstörung und den teilweise blöden Wiederaufbau geändert.

M-T: Kann man denn tatsächlich von einem Stammescharakter sprechen – oder ganz direkt gefragt: Wie ist der Sachse als solcher?

Loest: Er ist anpassungsfähig – da kommt auch das Opportunistische mit hinein –, er ist umtriebig, und er schaut den Leuten in die Augen und redet und redet, und hinten denkt er was ganz anderes. Die Journalistin Marlies Menge hat das schon richtig gesehen: In Mecklenburg muß man mit den Leuten jahrelang reden, bis man sie von etwas überzeugt hat, und dann machen sie es aber auch. In Sachsen sagen sie nach drei Stunden »Is gut«, und dann machen sie doch, was sie wollen.

M-T: Sie schreiben, daß der Sozialismus viele Wesensmerkmale der Sachsen habe verkümmern lassen. Sind diese Wesensmerkmale – einmal unterstellt, daß es wohl nicht um die schlechtesten geht – zu revitalisieren?

Loest: Nun, da ist dieser Urtrieb, eine Bude aufzumachen, eine Klitsche zu haben. Und die neue Generation, die der Dreißig- und Vierzigjährigen, betreibt dies jetzt mit wahrer Leidenschaft. Es steckt noch in ihnen drin, und jetzt dürfen sie ja wieder, und da wird ausprobiert, da wird gemacht. Und zwar mit Genuß. Jetzt leben sie sich aus.

M-T: Wer Mensch sagt, sagt Sprache. So jedenfalls Sigmund Freud. Drückt sich in der konsonantenschwachen Mundart das sächsische Wesen aus?

Loest: Vielleicht ist es das Geschmeidige . . .

M-T: Sie hätten niemals den Stechschritt erfinden können . . .

Loest: . . . und ein sächsisch brüllender Unteroffizier wäre lächerlich.

M-T: Bautzen – das gelbe Elend. Im November 1957 sollten Sie die DDR so richtig kennenlernen. Heute wird gefragt: Was bleibt? Was sollte bleiben?

Loest: Die Fristenlösung, 100 Stundenkilometer auf der Autobahn, der grüne Pfeil an der Ampel und null Promille am Steuer. Etwas anderes fiel mir nicht ein, als diese Diskussion begann, und etwas anderes fällt mir jetzt auch nicht ein. Mein alter Freund Walter Janka kam neulich mit dem Recht auf Bildung – da kann ich doch nur hohnlachen. Wer konnte denn zur EOS (Erweiterte Oberschule, Verf.)?

M-T: Aber die Solidarität untereinander, die emotionale Nähe, in der die Menschen miteinander lebten?

Loest: Das war doch bloß eine Mangelnähe. Die Leute waren doch nur freundlich und quatschten miteinander, weil sie irgendwas tauschten – Zement gegen einen Aal. Das war doch alles ein Gemauschel, aber wenig Nähe aus Mitmenschlichkeit. Ich mußte mit der Gemüsefrau freundlich reden, ich mußte mir anhören, daß das mit den Krampfadern ihrer Schwiegermutter nicht besser wird, damit sie mir eines Tages mal so ein Paket gibt, und da ist dann Spargel drin. Und ich besorgte ihr darauf das Buch über Hundezucht, das es nicht gab, und dafür kriegte ich dann ein paar Pilze. So war das. Das war aufgesetzt, aber keine sozialistische Herzlichkeit.

M-T: Herr Loest, noch eine ganz persönliche Frage: Wofür steht die sächsische Flagge hier in Ihrem Arbeitszimmer? Was bedeutet Ihnen Weiß-Grün?

Loest: Wenn Sie sich hier im Zimmer umschauen – meine Bude ist voll mit meinem Sachsenkram. Weiß-Grün – das ist eben Heimat. Die haben mich vertrieben, aber jetzt bin ich wieder zurück, und mein erster Wohnsitz ist wieder Leipzig.

Weiß-Grün

»Die Meinung, Mythen seien im Industriezeitalter ausgestorben, enthält einen gefährlichen Irrtum.«
Günter Kunert

Von Hand genäht und an einem Besenstiel befestigt – so sahen die meisten westdeutschen Fernsehzuschauer wohl zum ersten Mal in ihrem Leben die weiß-grüne Fahne Sachsens (ohne dies freilich meist zu wissen), und da fragt man sich denn, wie es in einem zentralistischen Einheitsstaat überhaupt kommen konnte, daß offenbar recht viele Menschen über Jahrzehnte »ihrem« Land, seiner Geschichte und den Wettinern verbunden blieben.

Was hatten die sozialistischen Machthaber nicht alles auf die Beine gestellt, um das menschliche Bedürfnis nach Selbstdefinition in ihrem Sinne zu befriedigen: Adolf Hennecke, der deutsche Stachanow aus dem Zwickauer Kohlerevier, und Frieda Hockauf, die Aktivistin am Webstuhl, blieben trotz aller Mühen Ladenhüter im breiten SEDistischen Identifikationsangebot – die Menschen hielten sich lieber an die »königlichen Auguste«. Sie wollten sich nicht als »Bauer«, »Arbeiter« oder »verbündeter Intelligenzler«, schon gar nicht als »neue Menschen« und »Teil des Weltfriedenslagers« begreifen – sie wollten Sachsen sein. 1987 dichtete der Lyriker Heinz Czechowski[31]:

»Definition
Dessen, was Glück ist? –

Auf einer Bank
In Brockwitz am Strom,
Eine Flasche
Unverschnittener Traminer im Blut,
Sachsen im Herzen,
Im Herzen der Welt,
Wenigstens meiner.«

Viele wollten im Grunde und in kleinerer Münze nur das, was ausgerechnet Stalin 1945 prophezeite: »Die Hitler kommen und gehen, aber das deutsche Volk, der deutsche Staat bleiben.«

Wer hätte das gedacht? So lautete im nachhinein der am häufigsten gebrauchte Kommentar zu dem, was sich in unserer jüngsten Geschichte abgespielt hat, und mancher erinnert sich vielleicht auch noch an die Äußerungen jener Beobachter und Kommentatoren, die aus der Abwesenheit schwarz-rot-goldener oder landsmannschaftlicher Fahnen bei den ersten großen Demonstrationen auf das Vorhandensein einer DDR-Identität schlossen.

Heute wissen wir, daß es diese nicht gab. »Wenn wir in unseren sozialistischen Bruderländern Urlaub machten«, berichtet einer, »dann wurden wir an den Katzentisch komplimentiert – und wenn wir wieder zu Hause waren, haben wir das daran gemerkt, daß wir überall angemeckert wurden.«

Wen kann es da verwundern, daß man sich lieber wieder unter jener Fahne versammelte, unter der man zwar in der Vergangenheit nicht reüssiert, aber immerhin einen richtigen und weltweit klangvollen Namen hatte.

DDRler oder Sachse: Bei dieser Alternative konnte es selbst und gerade für Weltbürger im Geiste kein Halten mehr geben. Denn daß Sachsen in seiner früheren

Geschichte weltoffener als der muffige SED-Staat war, muß nicht näher begründet werden. Und wenn sie sich jetzt als »Badriodn« gerieren, dann darf man ihnen zugute halten, daß sie eben nicht den Stechschritt erfanden und als Bewohner eines Pufferstaates zwischen Preußen und Habsburg im machtpolitischen Kalkül allemal schlechte Karten hatten. Die sächsischen Landesfarben standen meist für Niederlage und Demütigung.
Offiziell erschien Weiß-Grün übrigens erst nach der grandiosesten Niederlage des Landes überhaupt, am 7. Juni 1815, als König Friedrich August wieder in Dresden einzog. Er hatte gerade auf dem Wiener Kongreß drei Fünftel Sachsens an Preußen abgetreten.
Noch kurz zum heraldischen Ursprung: Grün war eine der bevorzugten Farben der regierenden Dynastie der Wettiner in Sachsen. Übernommen wurde es aus dem Wappen der Askanier, die Herzöge in Lauenburg und Wittenberg waren und deren Gebiete 1423 an die Wettiner fielen.
Mit den alten Farben kam nach 46 Jahren Zwangsexil im Jahre 1990 auch Albert Prinz von Sachsen zurück, um seinen Geburtstag im Dresdner Familienschloß Wachwitz zu feiern. Und just an dem Tag, an dem in Dresden Deutschlands größte Tankstelle eröffnet wurde, signierte der Enkel des letzten sächsischen Königs und Nachkomme des legendären Kurfürst-Königs August des Starken in einer Buchhandlung ein von ihm herausgegebenes Buch über die Dynastie der Wettiner. Beide Ereignisse wurden in der Regionalpresse entsprechend gewürdigt, und bei letzterem gab es noch den Hinweis, daß das Prinzen-Werk über siebzig Mark kostete und nicht eines liegenblieb.
Der Mensch macht die Geschichte – so lautet ein Hauptsatz der Moderne, und so wundert man sich denn darüber,

daß sich manche jetzt tatsächlich darüber wundern, daß sie ihm entglitt. Alle Systeme, die sich auf eine utopische Endgestalt bezogen glaubten und diese mit Gewalt zu verwirklichen suchten, mußten binnen kurzem den Offenbarungseid leisten.

Die Sachsen aber haben Geschichte gemacht, indem sie die politischen Utopien – wenn es sie denn am Ende überhaupt noch gab – vom Himmel auf den Boden des schlichten Lebenshandwerks holten. Das ist zwar ein Rückgriff auf Ideen von gestern und vorgestern, aber wer dies als konservativ diffamiert, darf sich auch fragen, warum die Gegner der Perestroika in der Sowjetunion – und das sind ja die Anhänger der reinen Lehre – heute ebenfalls als Konservative definiert werden.

Jenseits aller politischen Schemata bleibt wohl doch eines gewiß: Die Sachsen sind aktuell. Sie sind aktuell, weil sie das Jahr 1989 zu dem gemacht haben, was es wirklich war – zum »Jahr der Wahrheit«. Und sie konnten dies deshalb, weil sie sich in ihrer Stammeszugehörigkeit wiedergefunden haben, die ihnen freilich niemals abhanden gekommen war. Wer in diesem »Patriotismus« einen Grund zur Sorge sieht, möge bedenken, daß die sächsische Geschichte beinahe seit ihrem Beginn vor allem eine Kultur- und Geistesgeschichte von europäischem Rang war.

Aber so kann man natürlich kein Psychogramm der Sachsen abrunden, zumindest nicht nach Sachsenart. Und so soll denn doch noch einmal ihr letzter König, Friedrich August III., zu Worte kommen – auch wenn es sich nur um eine mündliche und damit nicht abgesicherte Überlieferung handelt: In Chemnitz, teilte man ihm eines Tages mit, sei die rote Fahne gehißt worden. Was das denn bedeute, habe er neugierig gefragt. Nun – und die Hofschranzen taten sich zweifellos schwer, dem König die Wahrheit zu sagen –, man habe die Räterepublik ausgerufen. Darauf der König: »Ja, derfn die dnn das?«

Und was sagte er damals – seine Frau Luise war gerade durchgebrannt –, als seine Landeskinder ihm stürmische Ovationen brachten und er von einem Adjutanten gefragt wurde, ob es denn nicht ein erhabenes Gefühl sei, die Herzen der Bevölkerung so für sich schlagen zu wissen? Er winkte nur ab – mit den Worten: »Ich duhe dähn Leidn bloß leid!« Über keinen sächsischen Fürsten kursieren so viele Anekdoten, und in keiner einzigen wird er als Souverän im überkommenen Sinne dieses Wortes gefeiert.

Sage mir, wen du verehrst, und ich sage dir, wer du bist! Die Gründe für die Beliebtheit dieses Wettiners liegen tief und sind für die Sachsen gewiß nicht unangenehm zu hören. Sie drücken sich in den Witzen aus, die man über ihn gemacht hat und zu denen er meist unbekümmert selbst den Stoff lieferte.

Vom Humor müßte wohl besser die Rede sein, über den Herbert Schöffler in seinem bereits erwähnten Buch »Kleine Geographie des deutschen Witzes« so treffend vermerkt: ». . . kommt nicht, sehr melancholischerweise, der seelische Überfluß des Humors gerade dadurch zutage«, und Schöffler meint damit ausdrücklich den sächsischen, »daß die Seele schon ein Loch hat, aus dem er wie aus einer Wunde rinnt?«

Deshalb sind die Sachsen so entwaffnend und dabei zugleich alles andere als unberechenbar berechnend. Und leid tun müssen sie einem dabei auch nicht, denn gerade weil sich so viele große Geister aus ihrem Kreise hervortaten, konnten sie, mit oder ohne Bliemchen-Kaffee, bescheidene und erfolgreiche Lebenshandwerker bleiben.

Die eierlegende Wollmilchsau

**»Ewige, ewige Sachsen.
Über die wir nicht spotten
sollen, weil auch wir, wenn man
uns als Typus schildert,
komisch sind, alle miteinander.«
Kurt Tucholsky**

Der gebräuchlichste statistische Kennwert ist das arithmetische Mittel, mit dem man zum Beispiel das durchschnittliche Einkommen einer deutschen Familie, die durchschnittliche Lebensdauer italienischer Autos oder den Pro-Kopf-Verbrauch an Bier innerhalb einer bestimmten Region angeben kann. Diese Mittelwerte haben zwei entscheidende Vorteile: Sie sind exakt zu berechnen, und sie lassen sich auf beinahe jedes Merkmal anwenden. Ihr Nachteil: Wenn wir wissen, daß die Koitushäufigkeit pro Monat im Postleitzahlengebiet 4000 exakt 11,1 und im Postleitzahlengebiet 7000 nur 9,8 beträgt, dann wissen wir gar nichts über die sexuelle Aktivität eines bestimmten Rheinländers oder Schwaben. Ähnlich verhält es sich mit vielen anderen Aussagen, die den Vertreter einer Volksgruppe oder Nation zur statistischen Beteiligungsgröße machen.
Natürlich kann der Wert solcher Rechenkünste nicht pauschal in Abrede gestellt werden, aber oft haben sie doch eine gewisse Ähnlichkeit mit jener beinharten Feststellung, die von dem britischen Volkswirtschaftler John Maynard Keynes stammt: »Auf lange Sicht und im Durchschnitt sind wir alle tot.«
Die Statistiker kennen selbstverständlich neben dem arith-

metischen Mittel noch andere Maßzahlen, von denen hier der Modalwert von besonderem Interesse ist. Gemeint ist damit jener Wert innerhalb der Verteilungskurve von Merkmalen, der am häufigsten beobachtet werden kann. Zur Verdeutlichung: Nach dem statistischen Mittelwert bekommt eine deutsche Frau in ihrem Leben 1,35 Kinder – der Modalwert besagt dagegen, daß die meisten Frauen ein Kind zur Welt bringen. Während man keinem einzigen Fall begegnen wird, auf den der Mittelwert zutrifft, ist die Wahrscheinlichkeit recht groß, eine Ein-Kind-Mutter leibhaftig kennenzulernen.

In diesem Sinne spricht der Psychologe Peter R. Hofstätter nicht vom sogenannten »Durchschnittsmenschen«, sondern führt den Begriff der vorrangig kulturell bestimmten »Modalpersönlichkeit« ein, womit eben jene Mentalität gemeint ist, die man innerhalb einer bestimmten Gesellschaft oder Region ganz besonders häufig antrifft. Und genau so sind letztlich auch die Aussagen über den »Menschenschlag« der Sachsen zu verstehen. Sie beziehen sich auf einen Typus, der einem mit der größten Wahrscheinlichkeit über den Weg laufen wird.

Im folgenden soll nun der Versuch unternommen werden, die Vielzahl der zu beobachtenden sächsischen Wesenszüge und Eigenarten zu systematisieren, also das zu tun, was zum Beispiel auch von einer fundierten Personalbegutachtung erwartet wird. Und da es um die Persönlichkeit geht, kommt man nach wie vor kaum an dem Amerikaner Raymond B. Cattell, einem der Hauptvertreter der Persönlichkeitsforschung, vorbei. Cattells Konzept basiert auf 16 »Personality Factors«, die nach seiner Auffassung die Charakterstruktur eines Menschen maßgeblich bestimmen. Diese Faktoren sind als bipolare Skalen angelegt, das heißt, sie werden durch Gegensatzpaare (z. B. »innere Ruhe« versus »innere Gespanntheit«) markiert. Die erfaßten Faktoren ergeben am Ende einen Profilverlauf, der – unter Vorbehalt – das Typische einer Person abbildet. Einige sollen hier im Hinblick auf den Sachsen vorgestellt werden:

Sachorientierung ◂◂◂◂◂◂◂◂◂ 0 ▸▸▸▸▸▸▸▸▸ Kontaktorientierung

Da hocken Menschen in der engen Kabine eines Fahrstuhls und besichtigen mit scheinbar größtem Interesse ihre Fußspitzen oder einen Fleck an der Wand. Nein – solche Nähe will keine Nestwärme aufkommen lassen. Anders wäre es freilich, wenn man zwischen den Stockwerken hängenbliebe. Solch ein Notfall würde die Beteiligten augenblicklich auf ihr gemeinsames Menschentum zurückführen, und sie kämen gewiß bald miteinander ins Gespräch.
Aber ein Sachse kann das in der Regel auch bewerkstelligen, denn an seiner Kontaktstärke und Kommunikationsfreudigkeit gibt es keinen Zweifel. Hinzu kommt, daß mit seiner Mundart eine Urfunktion der Sprache ganz besonders bewahrt und genutzt wird: Sie verschafft Geborgenheit nach innen und sozialen Wetterschutz nach außen. Beides hatten die Sachsen im Laufe ihrer Geschichte häufig genug ja auch bitter nötig.
Mit »Sachorientierung« meint Cattell übrigens ein eher zurückhaltend-kühles Verhältnis zur sozialen Umwelt, und so wäre denn der Sachse mehrere Punkte nach rechts auf der obigen Skala zu positionieren.

Aufgrund der Gewichtsverhältnisse dürfte der Maikäfer nach Ansicht von Fachleuten eigentlich nicht fliegen können; da er aber von Aerodynamik keine Ahnung hat, fliegt er doch. Es könnte ein Chemnitzer oder Zwickauer gewesen sein, der sich diese Feststellung erlaubt hat. Dennoch ist man im Sachsenland mit dem Ausspruch einverstanden, daß nichts praktischer sei als eine gute Theorie, aber – so fügt wird einschränkend hinzugefügt – am allerpraktischsten ist immer noch eine gute Praxis.
Und eine derartige Haltung führt dann dazu, daß auch die heiligsten Denkmodelle niemanden daran hindern können, im Zweifelsfall erst einmal da nachzuschauen, wo das Leben konkret ist. »Mitschurin hat festgestellt, daß kalter Kaffee Fett enthält.« Mit diesem Spruch haben sie jahrelang den sowjetischen Biologiepapst lächerlich gemacht. Auf obiger Skala nimmt der Sachse also einen Platz in der Mitte ein.
Diese Bewertung bedarf allerdings einer Ergänzung, weil Cattell bei seinem Persönlichkeitsmodell die typisch sächsische Fichilanz nicht berücksichtigt hat und aus Unkenntnis auch nicht berücksichtigen konnte. Zur Verdeutlichung dieses einzigartigen Merkmals sächsischer Wesensart noch ein Beispiel von Hans Reimann: Schauplatz des Ereignisses ist die Mönckebergstraße in Hamburg. Hüben wie drüben warten Passanten auf Grün. Die Ampel springt um, und alles flitzt los. Da fragt einer der Passanten einen Vorbeieilenden: »Sind Sie aus Hamburg?« – »Nee«, ruft der andere ihm im Weitergehen zu, »auch aus Sachsen!« Sie sind fichilant, und das heißt, daß sie blitzschnell schalten.

Wie schnell ist der Sachse seelisch von der Rolle? Erich Loest hat einmal angemerkt, daß sich die Sachsen bei kriegerischen Auseinandersetzungen auf eine »Dienstleistung« immer besonders gut verstanden hätten: Wenn wieder einmal eine Schlacht verlorenging, verloren sie als einzige nicht gleich den Kopf, sondern deckten seelenruhig und zuverlässig den Rückzug ihrer Verbündeten.
Darüber hinaus sind sie selbstbewußt, ohne sich deshalb als Nabel der Welt zu sehen. Anders seinerzeit die südlichen Nachbarn: Als Graf Bobby einen Globus kaufen wollte und ihm seine Heimat darauf doch allzu klein erschien, fragte er den Verkäufer: »Gehn S', hätten S' nicht an Globus von Österreich-Ungarn?« Ein derartiger Witz könnte niemals die Sachsen karikieren, und auch das bayerisch-kraftvolle »Mir san mir« ist ihnen von der Mentalität her fremd. Ihr Slogan lautet vielmehr: »Wir werchen uns durch.« Und das tun sie dann auch, jedoch absolut unaggressiv.
Natürlich ist der typische Sachse alles andere als emotionslos, aber er bringt eine gehörige Portion an Frustrationstoleranz mit, die ihm hilft, alltägliche Widrigkeiten schnell zu verarbeiten. Nimmt ihm zum Beispiel jemand einen Parkplatz weg, auf den er selbst schon eine Weile gelauert hat, dann schickt er dem Missetäter ein fürchterlich drohendes »von wähjn« nach, und damit ist die Sache dann aber auch erledigt. Zwar kann er auch »dickschen« und »beese« sein, aber am liebsten ist er recht bald mit allen wieder gut. Fazit: Die vielen Mißgeschicke, die den Sachsen in ihrer Geschichte widerfuhren, haben ihnen eine gewisse seelische Elastizität beschert.

Selbstverständlich tendiert die Modalpersönlichkeit der Sachsen in Richtung Selbstbehauptung, denn sonst gäbe es den Stamm in dieser Konsistenz ja gar nicht mehr. Ihre Durchsetzungskraft kommt jedoch auf Taubenfüßen daher und enthält immer auch die Bereitschaft zum Interessenausgleich. Konflikte werden demnach etwa auf folgende Weise entschärft: ein Dresdner Kaufhaus. Nicht-Sachsen wollen dem Sohn von Bekannten einen Stofflöwen mitbringen. Die Verkäuferin holt einen Jaguar, der sofort als Nicht-Löwe erkannt und zurückgewiesen wird. Sie präsentiert einen Leoparden. »Aber das ist doch auch kein Löwe.« Endlich ist sie fündig geworden – und kommt strahlend mit einem Bernhardinerhund. »Das ist doch auch kein Löwe.« Darauf stellt die Verkäuferin mit Entschiedenheit fest: »E direkter Lewe is es ja nich.« Damit ist auf Sachsenart eine Verhandlungsbasis gegeben, auf der sich Meinungsverschiedenheiten gut überbrücken lassen. Der Bernhardiner geht schließlich als Löwe über den Ladentisch.

Während Selbstbehauptung und Dominanz meist in einer keinen Widerspruch duldenden Form daherkommen, nimmt das sächsische Wesen dem Kontrahenten einfach den Wind aus den Segeln. Er vermag seinen Einwänden keinen Druck mehr zu vermitteln, weil er nicht weiß, wo er überhaupt ansetzen soll. »Wo ist man weicher als der Breiße?« fragt Hans Reimann, und man denkt vielleicht an das Wasser, das auf die Dauer auch die Steine besiegt.

Besonnenheit ◂◂◂◂◂◂◂◂◂◂ 0 ▸▸▸▸▸▸▸▸▸▸ Begeisterungsfähigkeit

Der bereits erwähnte Dieter Wildt sprach einmal vom »Wotan-Winnetou-Zarathustra-Gefühl« der Sachsen und meinte damit die Neigung, leicht überirdisch verzückt zu reagieren. »Ei, guggemada!« Wenn an der mecklenburgischen Ostseeküste die sächsischen Urlauber einfielen – so berichten jedenfalls Anrainer und nichtsächsische Gäste –, stieg dort sofort der Lärmpegel. Das ist sicher übertrieben, aber gewiß ist auch, daß ihnen ihre Neugierde und Begeisterungsfähigkeit immer wieder neue Entdeckungen beschert, die unbekümmert-impulsiv beschwatzt werden müssen. Besonders auf die Sachsen trifft wohl zu, was einst Georg Christoph Lichtenberg in einem seiner Aphorismen aufspießte: »Ob das Elend in Deutschland zugenommen hat, weiß ich nicht, die Interjektionszeichen haben gewiß zugenommen. Wo man sonst bloß! setzte, da steht jetzt!!!.« Dazu werden die Sachsen keinen unerheblichen Beitrag geleistet haben.

Flexibilität ◂◂◂◂◂◂◂◂◂◂◂◂ 0 ▸▸▸▸▸▸▸▸▸▸▸▸ Pflichtbewußtsein

Die Sachsen, heißt es, seien lauter Handwerksmeister. Die Wahl zwischen den Grundsätzen »Wahr ist, was funktioniert« und »Wahr ist, was die Obrigkeit befindet« fiel ihnen folglich niemals schwer. Pflichtgefühl zeigte sich bei ihnen in der Vergangenheit weniger am durchgedrückten Kreuz als vielmehr an einem über die Werkbank gebeugten Rücken. Dabei überzeugt der Sachse als ein gewissenhafter Tüftler, der sich im Zweifelsfall zuallererst den Gesetzen der Mechanik verpflichtet fühlt.

Aber ist er auch flexibel? Cattell versteht unter diesem Gegenpol in der obigen Skala eine in der Persönlichkeit angelegte Tendenz, Pflichten zu umgehen beziehungsweise Verantwortung und Verantwortlichkeiten großzügig auszulegen. Diese Art von »Cleverneß« geht dem Sachsen ab. Er ist verantwortungsbewußt, ohne allerdings in der Tradition preußischer Pflichtauffassung zu stehen. Wenn er sich auf seine »Pflicht und Schuldigkeit« beruft – was er in dieser Form freilich niemals täte –, muß jedenfalls niemand den Kopf einziehen.

Zurückhaltung ◂◂◂◂◂◂◂◂◂◂◂◂ 0 ▸▸▸▸▸▸▸▸▸▸▸▸ Selbstsicherheit

Die Extrema sind durch die Merkmale »schüchtern« beziehungsweise »keck« markiert, und beides trifft auf den typischen »Elbgermanen« nicht zu. Gegen den linken Pol der obigen Skala spricht seine Kontakt- und Kommunikationsfreudigkeit, gegen den rechten allein schon die Mundart, die ihm jegliche Möglichkeit zum Auftrumpfen vorenthält. Deshalb ist die Formulierung »Se wärn entschuldchen« für den Sachsen auch so typisch. Er liegt im mittleren Bereich, den man am besten mit dem Begriff »unbekümmert« beschreibt.

Robustheit ◂◂◂◂◂◂◂◂◂◂◂◂◂◂ 0 ▸▸▸▸▸▸▸▸▸▸▸▸▸▸ Sensibilität

Manchmal werden sie als Mimosen geschildert, aber eher trifft wohl zu, daß sie von »zarder Seelengiede« sind. Erst kam ihr Sinn für Gerechtigkeit, dann die Staatsraison, die ja grundsätzlich mit Hartherzigkeit einhergeht. Das sächsische Feingefühl hat freilich nichts mit geschliffenen Umgangsformen oder höfischer Etikette zu tun, denn im zwischenmenschlichen Bereich ist man gern freimütig und geradeheraus. Allerdings steckt dahinter niemals die Absicht, andere zu verletzen.

Das wollte auch Sachsens letzter König nicht, als er nach dem Begräbnis eines seiner Getreuen mit Ministern und Honoratioren beim Leichenschmaus saß. Hans Reimann erzählt: »August, alleweil fidel, blickte von einem zum andern. ›Währ wärd dnn nuh von eich dr nächsde sinn?‹« Heute würde man sagen, daß dieser Monarch sehr authentisch gewirkt haben muß. Und das gilt für die meisten Sachsen, die sich offenbar nicht an Oscar Wilde halten, der einst wohl eher bissig bemerkte, daß die erste Pflicht im Leben darin bestünde, »so künstlich zu sein wie möglich«.

Vertrauensbereitschaft ◂◂◂◂◂◂◂◂◂◂◂ 0 ▸▸▸▸▸▸▸▸▸▸▸ Argwohn

Bei dieser Persönlichkeitsdimension geht es darum, ob jemand seinen Mitmenschen grundsätzlich eher gute oder eher schlechte Absichten unterstellt. Ein anschauliches Beispiel, wie sich eine derartige Haltung auswirkt, gibt Guy de Maupassant in der Erzählung »Das Stück Schnur«: Herr Hauchecorne hebt auf der Straße ein wertloses Stück Schnur auf. Plötzlich bemerkt er, daß er dabei von Herrn Malandain gesehen wird, mit dem er sich nicht sonderlich gut versteht. Er wird verlegen und läßt das Stück Schnur hastig in seiner Manteltasche verschwinden. Später erfährt Herr Malandain, daß jemand eine Brieftasche mit Geld verloren hat, und ist überzeugt, »gesehen« zu haben, wie Hauchecorne die Brieftasche eingesteckt hat.

Wer das Bedürfnis hat, an einem Menschen etwas Tadelnswertes zu finden, braucht nicht lange danach zu suchen. Solche Menschen liegen unentwegt auf der Lauer und erhalten bestätigt, was sie natürlich schon vorher wußten. Im Sachsenlande hält man dieser Haltung mit Leibniz entgegen, daß die Welt und die Menschen doch gar nicht so schlecht seien.

Pragmatismus ◂◂◂◂◂◂◂◂◂◂◂ 0 ▸▸▸▸▸▸▸▸▸▸▸ Unkonventionalität

Was über Jahrhunderte gegolten hat, kann heute falsch sein, aber was seit gestern lautstark verkündet wird, muß auch nicht unbedingt der Weisheit letzter Schluß sein. Doch genau mit diesem Anspruch kam einmal die Mengenlehre daher: »Ein Bauer verkauft eine Menge Kartoffeln (K) für eine Menge Geld (G). G ist die Menge aller Elemente g, für die gilt: g ist eine Mark. In Strichmengenform müßte man für die Menge G zwanzig Strichlein machen, für jede Mark eines. Die Menge der Erzeugungskosten (E) ist um vier Strichlein weniger mächtig als die Menge G. Wie mächtig ist die Gewinnmenge?«

Leidgeprüfte Schüler und Eltern werden sich gewiß noch an derartige Aufgaben aus dem Mathematikunterricht erinnern. Dabei hatten und haben sie grundsätzlich bestimmt nichts dagegen, wenn in der Schule neue Wege und Inhalte gesucht werden, obwohl manche ihre Befürchtungen inzwischen schon in der folgenden Karikatur bestätigt sehen: »Ein Bauer verkauft einen Sack Kartoffeln zum Preis von 20 Mark. Die Erzeugungskosten betragen 4/5 gleich 16 Mark. Der Gewinn beträgt 1/5 gleich 4 Mark. Unterstreiche das Wort Kartoffel und diskutiere mit deinem Nachbarn darüber.«

Die Lieblingsaufgabe des Sachsen ist freilich so formuliert: »Ein Bauer verkauft einen Sack Kartoffeln für 20 Mark. Die Erzeugungskosten betragen 4/5 des Erlöses. Wie hoch ist der Gewinn?«
Unter Pragmatismus versteht Cattell jene Grundeinstellung, die zu einem Verhalten führt, das überwiegend von der äußeren Realität geleitet ist. Diese Haltung verhindert, daß das Pferd der Theorie vor den Karren der Wirklichkeit gespannt wird, und ermöglicht es zugleich, eben dieser Wirklichkeit auch noch mit Phantasie zu begegnen.

Unbefangenheit ◂◂◂◂◂◂◂◂◂◂◂◂◂ 0 ▸▸▸▸▸▸▸▸▸▸▸▸▸ Überlegtheit

»Schetze machn mer heeme.« – »Igloowe, srähjnd.« – »Siss awwr ooch gee Wundr bei dähn Wäddr!« Der Sachse ist nicht debil, aber auch nicht darauf aus, sich im gedankenschweren Oberseminar zu verlieren. Und deshalb dürfte ihm auch Karl Valentin gefallen, dessen Vater überdies aus Glauchau an der Zwickauer Mulde stammt. Hier eine »wissenschaftliche Plauderei« des Mannes mit den Korkenzieherhosen über den Regen: »Der Regen ist eine primöse Zersetzung luftähnlicher Mibrollen und Vibromen, deren Ursache bis heute nicht stixiert wurde. Schon in früheren Jahrhunderten wurden Versuche gemacht, Regenwasser durch Glydensäure zu zersetzen, um binocke Minilien zu erzeugen. Doch nur an der Nublition scheiterte der Versuch.« Die beiden Sachsen aber, die eingangs schon zu Worte kamen, würden, davon unbeeindruckt, ihre Unterhaltung so fortsetzen: »Zu häßliches Wäddr.« – »So naß.« – »Jaja. Unn so galld drbei.« – »Ja. Richdich naßgalld.« Sie sind eben ungekünstelt und geradeheraus.

Als Vorbild darf in dieser Hinsicht noch einmal ihr letzter König Friedrich August angeführt werden. Eine der vielen Anekdoten, die sich um diesen Fürsten ranken, geht so: Friedrich August besucht den Kaiser in Berlin. Der Empfang ist äußerst herzlich, und so vermerkt Wilhelm denn auch anerkennend, daß sein Gast die beschwerliche Reise von Dresden nach Berlin auf sich genommen habe. August aber winkt bescheiden ab: »Sklabbde krahde so scheen middr Hundeausschdellung hier.« Eefach de Gusche auf . . .

Spontaneität ◂◂◂◂◂◂◂◂◂◂◂◂◂ 0 ▸▸▸▸▸▸▸▸▸▸▸▸▸ Selbstkontrolle

Mit Spontaneität ist hier gemeint, daß jemand eher seinen augenblicklichen Bedürfnissen folgt und nicht jedes Wort auf die Waagschale legt. In dem Gedicht »Der Rhein und Deutschlands Stämme« von Kurt Tucholsky besingen Berliner und Sachsen das »Familienbad der deutschen Seele« jeweils so, wie es ihrer Mentalität entspricht.

Der Berliner:
»Ein rheinischet Meechen – beim rheinischen Wein
  Ja, Donnerwetter nich noch mal!
Na, det muß ja der Hümmel auf Erdn sein!
  Wat, Lucie?«

Der Sachse:
»Ein rheinisches Mädchen – beim rheinischen Wein
  Nu heere mal, Agahde, was hasdn dn
  Krachenschonr nich midgenomm? ’s is doch
  so giele uffm Wasser?

Diß muß ja der Himmel auf Erden sein!
Eicha . . .!«

Und so wäre denn damit ein Psychogramm der Sachsen skizziert, das natürlich nur so eindeutig sein kann, wie es die Sachsen selbst auch sind. Die höchste diagnostische Trefferquote würde man deshalb erzielen, wenn man sich an Roda Roda und die Art und Weise hielte, in der er seine Eindrücke von Leipzig schilderte:

»Nicht mit Unrecht gilt . . .
Andererseits wieder muß man den Leuten
zugute halten, daß . . .
Kurz: Man kann verstehen.«

Es ist schon richtig: Die Sachsen sind aus einem bunten Völkerstrauß hervorgegangen, und entsprechend vielseitig sind die Tönungen ihrer Persönlichkeit. Da können natürlich Widersprüche und Überraschungen nicht ausbleiben. Auf alle Fälle aber ist das Bild, das sich das friderizianische Preußen einst von den Sachsen machte, nicht nur boshaft, sondern auch viel zu profan. Daß Sachsen wie ein Mehlsack sei, auf den man nur draufschlagen müsse, dann käme auch immer etwas heraus, mag vom Ergebnis her ja richtig gewesen sein, aber weitaus besser paßt jener Inbegriff aller Sehnsüchte, wie er in Stellenangeboten zum Ausdruck kommt. Da wird meist eine »eierlegende Wollmilchsau« gesucht.

Die Sachsen kommen: Prognose und Bewährung

In den zwanziger und dreißiger Jahren gab es einen berühmten Graphologen namens Raphael Schermann, der sein Publikum durch seine hellseherischen Fähigkeiten enorm verblüffte. Der Mann wurde so bekannt, daß man sich bald auch für sein Privatleben interessierte und herausfand, daß er unter seiner unglücklichen Ehe litt. »Wie ist das möglich?« fragte ihn einer seiner Bewunderer, als man nach einer erfolgreichen Soiree noch plaudernd beisammensaß. »Kannten Sie denn nicht die Handschrift Ihrer Frau, bevor Sie heirateten?« – »Aber ich bitt Sie, meine graphologischen Kenntnisse sind doch nur für die Leut!«

Das mag eine vergnügliche Anekdote mit ernstem Hintergrund sein – noch ernster zu nehmen ist aber Franco Modigliani, denn der ist immerhin Nobelpreisträger für Wirtschaftswissenschaften des Jahres 1985. Dieser Mann bekannte kürzlich: »Ich habe zwar mit einigen Anlagen schon mal Geld gemacht, aber nur, wenn mir theoretische Fehler unterliefen.«

Wenn ich wüßte, was du denkst, was ich denke, was du denkst – oder anders: voraussehen, was andere voraussehen, was wiederum andere wohl voraussehen. Hier verirrt man sich in einem psychologischen Gestrüpp sondergleichen, aber genau das ist das Problem, mit dem sich jeder auseinanderzusetzen hat, der einen Blick in die Zukunft wagt. Und deshalb kann man zu dem Schluß kommen, daß wir unter Aufbietung von noch soviel Klugheit nicht wissen können, was die Zukunft bringt. Das liegt allein schon daran, daß wir nicht wissen können, was wir demnächst wissen werden – denn sonst wüßten wir es ja schon jetzt.

1989 und 1990 waren die Jahre, in denen die Zunft der Prognostiker unterschiedlichster Couleur, und sie weist große Namen auf, eine besonders herbe Lektion erhalten hat. Vielleicht ist es deshalb für alle Zukunft am besten, den Auguren einfach mit einem Augurenlächeln zu begegnen. Dennoch bleibt aber zugleich unbestritten, daß die richtige Nase für das, was kommt, eine entscheidende Voraussetzung für Erfolg wie für die Vermeidung von Mißerfolg ist.

Die Sachsen kommen! Das ist eine Prognose, die sich von den sonst üblichen Zukunftsvisionen doch ein wenig unterscheidet. Hier geht es nämlich nur um die (Vor-)Aussage, daß sich nach dem Ende des Omnipotenzwahns der Planungsbürokratie wieder jener Zustand einstellen wird, der über Jahrhunderte den Volksstamm der Sachsen kennzeichnete. Ihre ureigene Mentalität kann und wird wieder zum Zuge kommen, denn sie haben sich schließlich trotz eines gigantischen Aufwandes nicht uniformieren lassen. Um ein Bild zu gebrauchen: Sie sind wie ein Sauerteig – man kann mit der Axt hineinschlagen, und der Teig gibt nach. Aber wenn man die Axt herauszieht, ist der Sauerteig wieder da. Und seine Gärtüchtigkeit ist nach diesem gewaltsamen Eingriff dieselbe wie zuvor.

Sächsisches Allerhand von A bis Z

»Geschichte ist nicht nur Geschehenes, sondern Geschichtetes – also der Boden, auf dem wir stehen und bauen.«
Hans von Keler, deutscher Theologe

Bildung ist das, was übrigbleibt, wenn wir vergessen, was wir gelernt haben. So sagen die Franzosen, und das ist tröstlich für alle, die über ihr schlechtes Gedächtnis klagen. Aber diese Aussage enthält auch einen wertvollen Hinweis: Was da nämlich »vergessen« wird, existiert als permanente Tiefenschicht weiter und beeinflußt von daher unterschwellig das Fühlen, Denken und Handeln. Das gilt auch für die Kulturerfahrungen und Traditionen, für die Geschichte und Geschichtchen, durch die die Menschen einer Region miteinander verbunden sind.

Die Sachsen haben die ideologisch verordnete Selbstverödung nicht mitgemacht. Manches mag zwar dem bewußten Zugriff entzogen sein, aber als kollektives Unterbewußtes bildet es doch den Boden, auf dem alle stehen.

Die folgende Darstellung von Personen und Ereignissen, Kuriosem und Alltäglichem, Gegenwärtigem und Vergangenem ist keiner inhaltlichen Systematik unterworfen. Statt dessen soll ein Eindruck von jener Gemengelage entstehen, auf dem das Sachsentum beruht. Und dabei soll auch nicht der Versuch unternommen werden, Wichtiges von vermeintlich Unwichtigem zu unterscheiden. Ganz im Sinne

eines großen Franzosen, des Mathematikers und Physikers Blaise Pascal: »Die Nase der Kleopatra: Wäre sie kürzer gewesen, das Antlitz der Erde hätte sich verwandelt.«
Im übrigen wird dankbar vermerkt, daß der Zufall einer Darstellung in alphabetischer Reihenfolge freundlich entgegenkommt: Der Bogen spannt sich von A wie Albrechtsburg bis Z wie Zwinger, und damit hätte man einen entscheidenden politischen und einen einzigartigen kulturellen Angelpunkt sächsischer Identität.

Albrechtsburg: das sächsische Herz

Die Rede ist von nichts Geringerem als dem ersten Schloß in der Geschichte deutscher Baukunst, das heißt, mit diesem Bauwerk brach man mit der Tradition der befestigten Burgen. Die prachtvolle, außen vorgelegte Treppe, der Große Wendelstein, verrät französische Einflüsse, und das neuartige Zellengewölbe fand von hier aus seinen Eingang in die sächsische Architektur.
Im Jahre 1471 begann der sächsische Landbaumeister Arnold von Westfalen im Auftrage der fürstlichen Brüder Ernst und Albrecht von Wettin auf dem Burgberg von Meißen – einem für Sachsen damals schon längst geschichtsträchtigen Platz – mit den Arbeiten. Doch als der Bau dann endlich fertig war, war es mit der familiären Eintracht unter den Wettinern vorbei, und man brauchte keine gemeinsame Residenz mehr: Mit der Leipziger Teilung im Jahre 1485 gingen nämlich die Bauherren Ernst und Albrecht getrennte Wege.
Da die Markgrafschaft Meißen an Bruder Albrecht den Beherzten fiel, wurde dieser alleiniger Schloßherr der erst 200 Jahre später so benannten Albrechtsburg und zugleich

Begründer der albertinischen Linie der Wettiner – also jener Linie, die die Geschichte und Geschicke Sachsens bis zum Jahre 1918 entscheidend bestimmen sollte.
Als Residenz spielte die Albrechtsburg allerdings keine Rolle, denn die Nachfolger der beiden Brüder zog es nach Wittenberg (Ernestiner) und Dresden (Albertiner). Dennoch: Im Museum Schloß Albrechtsburg kann man sich davon überzeugen, daß von hier aus der heutige Freistaat Sachsen zumindest symbolisch seinen Ausgang nahm.
Und wenn man den Burgberg oberhalb von Meißen besucht, sollte man noch daran denken, daß der deutsche König Heinrich I. bereits im Jahre 929 dieses Felsplateau zum Bau einer Befestigungsanlage erkor. So jedenfalls steht es in der Chronik des Bischofs Thietmar von Merseburg: »Hier ließ er einen nahe der Elbe gelegenen, dicht bewaldeten Berg roden und auf ihm eine Burg erbauen, der er nach einem im Norden vorbeifließenden Bach den Namen Misni gab . . .« Meißen ist die Urzelle und die Albrechtsburg das Herz von Sachsen.
Wo man sich denn am 3. Oktober, dem Tag der Wiedervereinigung, getroffen habe, wurde der damalige Landesbeauftragte für Sachsen, Rudolf Krause, von Kollegen aus Bonn gefragt. »Natürlich in Meißen«, sagte der Sachse, »natürlich auf der Albrechtsburg.« Das gab unsichere Rückfragen in der Lobby des Bundesrats: Meißen? Albrechtsburg? Wieso denn das? Die Ex-Wessis müssen noch ihre Geographie- und Geschichtskenntnisse aufbessern.

Andreasabend: Pragmatiker im Glauben

Um polnischer König werden zu können, war August der Starke zum Katholizismus konvertiert, und so gehörten denn auch nach ihm alle sächsischen Herrscher der religiösen Minderheit im Lande an. Auf kaum sieben Prozent wird der Anteil der Katholiken in jener Zeit geschätzt, aber im Ursprungsland des Protestantismus hielt man wenig von konfessionellen Schranken. Die Könige und Fürsten standen trotz ihres anderen Glaubens der Bevölkerung in keinem Land so nahe wie in Sachsen, und die protestantischen jungen Mädchen wandten sich mit ihrer größten Sorge hoffnungsvoll an einen katholischen Heiligen:

»Heiliger Andreas, ich bitte dich,
laß mir im Traum erschein'
den Herzallerliebsten mein!
Heiliger Andreas, gib mir ze verstiehn,
ob ich krieg' een' oder keen',
wie un was er ist,
sag mir, heiliger Andreas!«

So riefen die sich noch im Stand der Ahnungslosigkeit befindenden Mädchen und jungen Frauen alljährlich am Abend des 29. November den Fischer und späteren Apostel Konstantinopels und Rußlands an, der einer Legende zufolge in Patras an ein Kreuz mit schrägen Balken geschlagen wurde. Wer sich in der Geschichte der Heiligen auskennt, wird an jedem Bahnübergang an ihn – den »Mannhaften« – durch das Andreaskreuz erinnert.

Aurora von Königsmarck: La Saxe galante

Die 1662 in Stade geborene Gräfin war lange Zeit aufgrund ihrer Schönheit und Bildung Mittelpunkt der Adelsgesellschaft. Vor allem aber war sie eine begehrte und erfolgreiche Geliebte – erst Georg Ludwigs von Hannover, dann Augusts des Starken von Sachsen.

Auroras Verhältnis mit dem sächsischen Kurfürsten war für die Mitwelt natürlich von allergrößtem Interesse. »La Saxe galante«, ein Buch des Freiherrn Karl Ludwig von Pöllnitz, zeitweise Oberzeremonienmeister am preußischen Hofe, beschäftigt sich recht eindringlich mit den amourösen Abenteuern des einzigartigen Potentaten – und deshalb kommt auch die Gräfin aus Stade darin vor: »Man sahe sie auf dem Tantz-Saal unsichtbar werden, aber kein Mensch ließ sich mercken, als wenn man ihre Abwesenheit wahrnehme, denn man wuste wohl, daß sie gern allein seyn wolten. Man ließ sie gern allein, und der Churfürst genoß mit guter Weil die süssesten Entzückungen mit der Mademoiselle von Königsmarck, welche ihm die kräfftigsten und wesentlichsten Zeichen ihrer Zärtlichkeit schenckte.«[32]

Diese Zärtlichkeit blieb nicht ohne Folgen, denn bald schenkte sie ihm einen Sohn, dessen schweifender Geist keine Grenzen kannte. Es handelte sich um Moritz von Sachsen, der als französischer Marschall europäischen Ruhm erlangte. Mit 38 Jahren war Auroras wilde Zeit vorbei, und sie widmete sich hinfort der standesgemäßen Aufgabe einer Pröpstin des Stifts Quedlinburg.

Ihre Nachfolgerin, die Gräfin Anna Konstanze von Cosel, mochte sich nicht damit begnügen, nur die Mätresse von August dem Starken zu sein, sondern versuchte sich am Hofe vor allem in der Rolle der Intrigantin. Das flog allerdings auf, und so kam sie im Alter von 36 Jahren auf Schloß Stolpen bis zu ihrem Tode in Haft – immerhin 49 Jahre lang.

Und was machte Eberhardine von Bayreuth, die Ehefrau

des unersättlichen August, all die Jahre? Sie schenkte ihm einen Kurprinzen und zog sich dann mehr und mehr in die Einsamkeit ihres Schlosses Pretzsch zurück. Während August sich in Dresden mit immer neuen Favoritinnen vergnügte, las sie dort vielleicht noch einmal die alten Liebesbriefe, die sie einst von ihrem Ehemann erhalten hatte. In einem heißt es: »Indessen verhoffe ich, daß Euer Liebden, wenn Sie einige Augenblicke müßig sein, sich dero Knecht erinnern werden, welches, wenn er sich dessen flattieren darf, ihm die größte Consolation sein wird. Indessen empfehle ich mich der schönsten Prinzessin von der Welt zur beharrlichen Gnade. Der ich bis an den Doht verharre Euer Liebden gehorsamter Knecht Friedrich August von Sachsen.«[33]

Es kam anders, weil die Bau- und Bilderlust eben nur ein Element in der Motivstruktur dieses Fürsten war.

Der Brühl: eine Legende

Die Rede ist nicht vom gleichnamigen Grafen und kursächsischen Premierminister, der sein Land in den Siebenjährigen Krieg trieb, in dem die Sachsen dann den kürzeren zogen. Dieser Brühl residierte ja bekanntlich in Dresden.

Hier aber geht es um Leipzig, den traditionsreichen Ort des Humanismus, der Musik, der Bücher, der Verlage und der Wissenschaften. In dieser Stadt wurde 1409 die »Alma Mater Lipsiensis« gegründet, die aufgrund ihrer bedeutenden Professoren einzig war, unter anderem auch wegen des Rechtsgelehrten und Führers der deutschen Aufklärung Christian Thomasius. Dieser bekämpfte nicht nur die damals üblichen Hexenprozesse und Folterpraktiken, sondern hielt im Jahre 1687 überdies die erste Universitätsvorlesung in deutscher Sprache. Damit erregte er viel Aufsehen, denn indem er schwer zu überwindende Kommunikationsbarrieren einfach wegräumte, öffnete sich der Elfenbeinturm auch ein wenig der Allgemeinheit.

Aber genau das war typisch für eine Stadt, in der man seit dem 12. Jahrhundert vom Handel und damit auf und von der Straße lebte. Und für diese Straßen steht in Leipzig »der Brühl«, die heutige Verbindung von Richard-Wagner-Platz und Goethestraße, nur wenige Minuten vom Hauptbahnhof entfernt.

In diesem Sinne stellt der Leipziger Dieter Zimmer in »Mein Sachsen« fest: »Der Brühl ist eine Legende, wird es bleiben. Aber wenn man nach Manhattan kommt, ins Pelzviertel von New York, da sieht man sie auf der Straße stehen und mit Handschlag Pelze handeln. Und wenn man sich dazustellt und hinhört, wundert man sich, wie Juden, die viel zu jung sind, um in Deutschland aufgewachsen zu sein, lautstark ihre Geschäfte verhandeln: auf Sächsisch.«[34]

Der Brühl war über Jahrhunderte vor allem die weltbekannte Straße der Pelze. Und auf ihn trifft bestimmt auch zu – wenigstens auf dem Gebiet der Rauchwaren –, was Joachim Ringelnatz unter der Überschrift »Leipzig« dichtete:

»Fast alle Sachsen sind sächsisch. Sie zeigen sogar,
Daß die Pariser und die Londoner Mode
Vor zwei Jahren eigentlich auch sächsisch war.«

Bei dieser Tradition wäre das allerdings auch kein Wunder gewesen, denn schon 1425 wurde in Leipzig eine Kürschnerinnung gegründet.

Brühl: »Dem verdanken wir die Madonna«

Der Balkon Europas liegt zehn Meter über der Elbe: die Brühlschen Terrassen. Der Name geht auf jenen sächsischen Edelmann zurück, der vom Pagen unter August dem Starken bis zum Premierminister unter dessen Sohn August III. aufstieg. Und über diesen Monarchen vermerkte Giacomo Casanova 1753 anläßlich seines Aufenthaltes in Dresden: »Er war prachtliebend und verschwenderisch, und er fand für diese Neigungen einen wunderbaren Helfer in dem berühmten Grafen von Brühl.«[35]

Die Dresdner sprechen durchaus stolz von ihrem Brühl, und im Hotel Dresdner Hof am Neumarkt hängt ein Gemälde von ihm und der Frau Gräfin, obwohl nach seinem Tode festgestellt wurde, daß in der Staatskasse immerhin 4,6 Millionen Taler fehlten. Auch die Tatsache, daß er als Günstling und Berater seines scheuen Königs auf unheilvolle Weise die Geschicke Sachsens lenkte, schlägt heute nicht mehr negativ zu Buche.

Reichsgraf Brühl – das sind Raffaels »Sixtinische Madonna«, Tizians »Zinsgroschen«, Rembrandts »Saskia mit der roten Blume«, Rubens' »Löwenjagd«. Mit Tintoretto, Veronese, Holbein, Velázquez und vielen anderen berühmten Künstlern baute er die unter August dem Starken begonnenen Gemäldesammlungen weiter aus, für die er hemmungslos staatliche Mittel zur Verfügung stellte. Unter auch privater Ausnutzung seiner Stellung am Hofe führte er die große Tradition der sächsischen Barockkultur weiter. Sein Name ist mit der Blüte der ehemaligen Residenzstadt Dresden engstens verbunden.

Brühls persönliches Ende war jedoch ganz und gar glanzlos. Sein Plan, eine Landverbindung zwischen Sachsen

und Polen herzustellen, war aufgrund der traditionellen Anlehnung an Habsburg nur auf Kosten Preußens zu verwirklichen, und so zog er denn mit seinen Ambitionen unweigerlich den tiefen Haß Friedrichs des Großen auf sich. Im Siebenjährigen Krieg wurde Sachsen von den Preußen gründlich ausgeplündert, und der Preußenkönig ließ alle Schlösser und Güter des Grafen verwüsten.
Der Friede zu Hubertusburg im Jahre 1763 nahm dann dem sächsischen Kurfürsten die polnische Krone und besiegelte das Ende Sachsens als zumindest potentielle Großmacht. Auf den Brühlschen Terrassen aber kann man heute die Aussicht auf die Elblandschaft genießen und darüber nachdenken, wie wohl alles gekommen wäre, wenn Sachsen damals nicht verloren hätte.

Dresden: die Fähigkeit zu trauern

»Die Mohrenstraße im Schutt sowie die Kreuzkirche mit ihrem geborstenen Turm drückten sich mir tief ein und stehen noch wie ein dunkler Fleck in meiner Einbildungskraft. Von der Kuppel der Frauenkirche sah ich diese leidigen Trümmer zwischen die schöne städtische Ordnung hineingesäet; da rühmte mir der Küster die Kunst des Baumeisters, welcher Kirche und Kuppel auf einen so unerwünschten Fall schon eingerichtet und bombenfest erbaut hatte.«
So schildert Johann Wolfgang von Goethe in »Dichtung und Wahrheit« seine Eindrücke von einem kurzen Abstecher nach Dresden – wenige Jahre nach Ende des Siebenjährigen Krieges. Ein anderer großer Dichter sollte später Schlimmeres zu verkraften haben.
Mit nahezu 83 Jahren wollte Gerhart Hauptmann unbe-

dingt noch einmal Dresden sehen und besuchte die Stadt ausgerechnet Anfang Februar 1945. Was er dann am 13. Februar als Augenzeuge erlebte und berichtete, wurde seitdem oft zitiert:

»Wer das Weinen verlernt hat, der lernt es wieder beim Untergang Dresdens. Dieser heitere Morgenstern der Jugend hat bisher der Welt geleuchtet. Ich weiß, daß in England und Amerika gute Geister genug vorhanden sind, denen das göttliche Licht der Sixtinischen Madonna nicht fremd war und die von dem Erlöschen dieses Sterns allertiefst schmerzlich getroffen weinen.

Und ich habe den Untergang Dresdens unter den Sodom- und Gomorra-Höllen der feindlichen Flugzeuge persönlich erlebt. Wenn ich das Wort ›erlebt‹ einfüge, so ist mir das jetzt noch wie ein Wunder. Ich nehme mich nicht wichtig genug, um zu glauben, das Fatum habe mir dieses Entsetzen gerade an dieser Stelle in dem fast liebsten Teil meiner Welt ausdrücklich vorbehalten.

Ich stehe am Ausgangstor des Lebens und beneide alle meine toten Geisteskameraden, denen dieses Erlebnis erspart geblieben ist. Ich weine. Man stoße sich nicht an dem Wort weinen; die größten Helden des Altertums, darunter Perikles und andere, haben sich seiner nicht geschämt.«[36]

Alexander und Margarete Mitscherlich haben den Deutschen in einem Buch, das viel Aufmerksamkeit fand, die »Unfähigkeit zu trauern« vorgeworfen. Dieser Befund gilt sicher nicht für Gerhart Hauptmann, und er kann auch nicht die Bewohner dieser so geschundenen Stadt treffen. Die Dresdner sind sich ihrer Vergangenheit bewußt, vor allem der verheerenden Seiten, und deshalb haben sie im Sinne von Wilhelm von Humboldt eine Zukunft.

Duodezfürsten: Auch Zwerge haben einmal klein angefangen

Die Dynastie der Wettiner traf ein harter Schlag, als Kurfürst Ernst und Herzog Albrecht im Jahre 1485 das Gebiet untereinander aufteilten: Damals entstanden ein albertinisches und ein ernestinisches Sachsen. Letzteres – hier stand die »Wiege des Protestantismus« – endete durch weitere Zersplitterungen in einer grotesken Zwergstaaterei, einem aberwitzigen Nebeneinander kleiner und kleinster Duodez-Fürstentümer: Sachsen-Weimar-Eisenach, Sachsen-Altenburg, Sachsen-Coburg und Gotha, Sachsen-Meiningen, Schwarzburg-Rudolstadt, Schwarzburg-Sondershausen, Reuß ältere und jüngere Linie. 1918 wurden die thüringischen Fürstentümer zu Freistaaten, 1920 vereinigten sie sich zum Freistaat Thüringen.
Während sich Sachsen im ausgehenden Mittelalter teilte, taten die Habsburger im Süden und die Hohenzollern im Norden alles, um ihre Gebiete zäh zusammenzuhalten und zu vergrößern. Das sollte noch Probleme geben.

Erzgebirge: Weihnachtsland

Nirgends auf dem Globus haben sich im Laufe der Jahrhunderte die Grenzen wohl so häufig geändert wie in Mitteleuropa, und so ist es schon ein erwähnenswertes Faktum, daß das Erzgebirge seit dem Mittelalter unverändert die Grenze zwischen Sachsen und Böhmen bildet.
Wie überall im mitteldeutschen Raum, wanderten vor allem Neusiedler aus Franken und vom Rhein seit dem 12. Jahrhundert in das vom Urwald, dem Miriquidi, bedeckte Gebirge ein. Längs der Flußpfade und alten Höhenwege

(»semitae Bohemicae«) legten sie »auf wilder Wurzel« die typischen Waldhufendörfer an – schmale, tiefe Flurstreifen, bei denen jeweils Haus und Hof, Garten, Wiese, Feld und Wald hintereinander folgten.

Diese klassische Form, bei der sich die Gehöfte beiderseits der Straße perlenschnurartig aneinanderreihen, ist trotz der Kollektivierung der Landwirtschaft teilweise noch heute erkennbar, und auf sie geht auch die Länge vieler Erzgebirgsdörfer zurück. Um ein Beispiel anzuführen: Das Dorf Gelenau erstreckt sich über acht Kilometer.

Obwohl Klima und Bodenqualität der Landwirtschaft alles andere als förderlich waren, begründete das erst später so benannte Erzgebirge den in Europa zeitweise einmaligen Reichtum Sachsens. Als im Jahre 1168 in Freiberg große Silberfunde gemacht wurden, erscholl zum ersten Mal jenes »Berggeschrei«, das später aufgrund des Freiberger Bergrechts zu regelrechten Besiedelungswellen führte. Nach diesem Gesetz galt der Grundsatz, daß jedermann frei schürfen durfte, sofern er den Bergzehnt an den Landesherrn zahlte – ein Grundsatz, von dem bald eine städtebildende Kraft ausging.

Wie rasant das Tempo war, mag das folgende Beispiel erhellen: 1492 wurde am Schreckenberg eine ergiebige Silberader entdeckt, 1496 gründete man Annaberg als »Neustadt am Schreckenberg«, und bereits im Jahre 1509 war diese Bergstadt größer als Leipzig oder Dresden.

Ohne diesen »Bergsegen« wären die fürstlichen Residenzen in Meißen, Dresden, Torgau, Wittenberg und die vielen großen Hallenkirchen – etwa in Zwickau, Chemnitz und Pirna – niemals möglich gewesen. Ganz zu Schweigen von der verschwenderischen Hofführung sächsischer Fürsten.

Doch auf die Blüte folgte eines schlechten Tages die Armut,

denn die Schätze waren aufgebraucht, und nun saß die für eine Bergregion überaus zahlreiche Bevölkerung auf Abraumhalden und unergiebigen Böden. In dieser deprimierenden Lage bewiesen die Erzgebirgler aber bei der Suche nach neuen Erwerbsquellen eine Zähigkeit und Findigkeit, die ihresgleichen sucht. Und die Mühen wurden belohnt, denn sie schufen sich in jenen ungemütlichen Zeiten die Grundlage für Fertigkeiten, die ihnen später gleich auf drei Gebieten Weltruhm bescheren sollten: die Spitzenklöppelei, die Strumpfwirkerei und die Holzschnitzerei.
Vor allem letztere ist noch heute ein Synonym für das Erzgebirge. Von Seiffen aus wurde und wird ein wahrer Kult um das Licht entfesselt: Schwibbögen, Drehlaternen und von Kerzen angetriebene vielstöckige Pyramiden gehen in alle Welt, und nur Kulturbanausen lassen sich Billigware aus Hongkong unterschieben, obwohl selbst diese Konkurrenz angeblich auf einen ausgewanderten Sachsen zurückgeht.

Die besondere Sehnsucht nach dem Licht ist verständlich bei einem Volk, das über lange Zeit seinem Broterwerb unter Tage nachging – in der Dunkelheit, Nässe und Kälte gefahrvoller Bergwerke. Und bei der Gelegenheit sei auch angemerkt, daß die inzwischen weitverbreiteten Weihnachtspyramiden letztlich Nachbildungen von Göpelwerken, also Fördermaschinen im Bergbau, sind.

Das Erzgebirge ist das eigentliche Weihnachtsland, und dies hängt auch damit zusammen, daß hier das alte Brauchtum viel tiefer als anderswo im Gemüt der Menschen verankert ist. Am Heiligabend verteilt der »Ruprecht« als Vertreter des Weihnachtsmannes seine Gaben, und erst an diesem Tage wird der Christstollen angeschnitten – der übrigens das in Windeln gewickelte Christkind bedeutet. Ohne dieses unglaublich kalorienreiche Festgebäck ist für den echten Sachsen das Weihnachtsfest kaum denkbar.

Nicht vergessen werden darf hier das berühmte Räuchermännchen, das soviel mit der Mentalität dieses Bergvölkchens zu tun hat. Der in dieser Hinsicht kenntnisreiche Frithjof Stuckatz erzählt die Entstehungsgeschichte der qualmenden Figur mit ihrer roten Nase, den Knopfaugen und dem runden Gesicht:

»Da gab es früher den sogenannten Rastlbinder, der kam durchs Land und brachte nun seine ›Restl‹ mit, die er etwa folgendermaßen anpries: ›Mausefalle, Mausefalle – alles was Se haben wolle, finden Sie bei mich!‹ Denn dieser Mann sprach gebrochenes Deutsch, war ein fahrender Händler, der da aus dem Slowakischen kam. Und die erzgebirgische Bauersfrau sagte dann des öfteren: ›Ach, du Wandersmann, setz dich doch ein bißchen hin, zünd dein Tabakspfeifl an und erzähl ä bissl was von dem Leben in der großen weiten Welt.‹ Und wenn dann dieser Mensch auf der Ofenbank Platz genommen hatte, brachte er mit seinem Rauchen Behaglichkeit, Gemütlichkeit ins Haus.«

1856 entstand in der Familie Louis und Hulda Haustein in Seiffen das erste erzgebirgische Räuchermännchen, und seit Juli 1990 sind die »hellen Sachsen« mit Energie und Umsicht dabei, ihrem »Rastlbinder« neue Märkte zu erobern.

Allgegenwärtig sind auch die hölzernen Bergmänner und Engel, deren Geheimnisse tief in die Schicksalsgeschichte dieses einst so dunklen und unwirtlichen Gebirges zurückreichen. Die Legende erzählt, daß einem in eine Kutte gehüllten Manne, dem »Knappi«, ein Engel erschien und ihn nach Erz graben hieß. Die Lichtgestalt als Erzbringer

– da mußte die sozialistische »Jahresendfigur« chancenlos bleiben, so chancenlos wie das folkloristische Figurenkarussell gegen die Weihnachtspyramide. Alles spricht dafür, daß die Erzgebirgler – ganz nach Sachsenart – weiterhin ihren Kopf für sich haben werden.

Fontane: die Sachsen

Zwei Jahre lebte der Neuruppiner als Apotheker in Leipzig und bildete sich dort ein Urteil über die Mentalität der Sachsen. Sein Befund lautete: »Daß die Sachsen sind, was sie sind, verdanken sie nicht ihrer Gemütlichkeit, sondern ihrer Energie. Dies Energische hat einen Beisatz von krankhafter Nervosität, ist aber trotzdem als Lebens- und Kraftäußerung größer als bei irgendeinem anderen deutschen Stamm, selbst die Bayern nicht ausgenommen; die bayerische Energie ist nur derber. Die Sachsen sind überhaupt in ihrem ganzen Tun und Wesen noch lange nicht in der Arbeit überholt, wie man sich's hierzulande so vielfach einbildet . . . Sie sind die Überlegenen, und ihre Kulturüberlegenheit wurzelt in ihrer Bildungsüberlegenheit, die nicht vom neuesten Datum, sondern fast vierhundert Jahre alt ist.«[37]

Der aus einer preußischen Offiziersfamilie stammende Historiker und Publizist Franz Mehring konkretisierte diese Feststellung etwas später noch: »Sachsen besaß die besten Schulen, und von hier aus entwickelte sich unsere klassische Literatur.« Mit dieser Einschätzung werden die Sachsen gewiß einverstanden sein.

Freistaat: selbstbewußt

Seit dem 27. Oktober 1990, 18.15 Uhr, ist Sachsen wieder ein Freistaat. Der neue Name wurde mit überwältigender Mehrheit angenommen. Damit, erklärte der jetzige Ministerpräsident Kurt Biedenkopf, »knüpfen wir an die vor fast 58 Jahren unterbrochene demokratische Geschichte des Landes an«. Den Titel »Freistaat« hatte Sachsen seit der Abdankung des letzten Königs Friedrich August III. bis 1933 geführt (im Dritten Reich wurde Sachsen dann zum Gau).

Juristisch und staatsrechtlich besteht allerdings zwischen Bundesland und Freistaat kein Unterschied, und so wird denn das Wort auch nur als Übersetzung des Begriffes »Republik« ins Deutsche interpretiert. Unterschwellig mag da aber doch eine besondere Botschaft mitschwingen: Wir wollen so werden wie Bayern! Freilich nicht als Kopie, sondern im Hinblick auf das internationale Prestige und das Selbstbewußtsein. Schon gibt es die »European Initiative for Eastern Germany«, die in einer Anzeigenkampagne feststellt: »Leipzig zum Beispiel ist von jeder größeren Stadt Europas innerhalb von 3 1/2 Flugstunden zu erreichen . . .«

Und was sagen die Sozialdemokraten dazu? »Freistaat«, argumentierte deren Fraktionsführer Kunckel anläßlich der Konstituierung des Landtags, »Freistaat hat etwas Liebenswürdiges.«

Friedrich: der Weise

Der sächsische Kurfürst Friedrich III., ein Wettiner der ernestinischen Linie, steht für die geistige Fruchtbarkeit

eines Stammes, der nicht nur viel bewegt, sondern auch viel hinterlassen hat.
Wenn Shakespeare seinen Hamlet an der von Friedrich im Jahre 1502 gegründeten Universität Wittenberg studieren ließ, dann darf man das wohl als ein sehr schönes Kompliment nehmen. Und das gilt auch für die Tatsache, daß der durchtriebene Dänenkönig seinem Neffen, also dem Prinzen Hamlet, die Rückkehr nach Wittenberg verwehren möchte: »For your intent in going back to school in Wittenberg, it is most retrogade to our desire ...« Nirgends im ganzen Reich fanden die Wissenschaften damals soviel Pflege, und nirgends ging es so tolerant zu.
Schließlich war es Friedrich, der Luther Schutz gewährte und seine Auslieferung nach Rom verweigerte. Am 4. Mai 1521 ließ er gar sein unmittelbar von der Reichsacht bedrohtes Landeskind, das sich auf der Rückreise von Worms nach Wittenberg befand, unter dem Anschein eines räuberischen Überfalls festnehmen und auf die Wartburg bringen. Hier lebte Luther als »Junker Jörg«, und manchmal ritt er hinunter nach Eisenach, um an Marktagen dem Volk »aufs Maul« zu schauen.
Und wenn der Sachsenstamm mit Toleranz in Verbindung gebracht wird, dann nicht zuletzt auch wegen des Kamenzer Pfarrerssohns Gotthold Ephraim Lessing, der mit seiner Ringparabel in »Nathan der Weise« einen der schönsten Bühnentexte geschaffen hat.
An dieser Stelle ist allerdings ein Hinweis fällig, um eventuellem Streit vorzubeugen: Während Lessing zweifelsfrei ein Sachse war, »gehört« Friedrich der Weise aus heutigem Verständnis eher den Sachsen-Anhaltinern, und sie dürfen stolz auf ihn sein.

Dresden, wie es auf der Zunge zergeht – das sind die Eierschecken: In 500 g Mehl 40 g Hefe bröseln und mit Zucker unter einen Viertelliter Milch verrühren – danach gehen lassen. Dann 80 g Zucker, 80 g geschmolzene Margarine (oder Butter), ein Ei und etwas Salz in den Teig schlagen, bis er Blasen wirft. Das Ganze 45 Minuten gehen lassen. 500 g Quark mit 125 g Zucker, einem Ei und der abgeriebenen Schale einer Zitrone schaumig rühren und auf den ausgerollten Teig streichen. 10 g Vanillepuddingpulver mit zwei Eßlöffeln Milch und 100 g Zucker und einem Eigelb anrühren. Einen Liter Milch zum Kochen bringen, das angerührte Puddingpulver darunterrühren und noch einmal aufkochen lassen und mit Eiweißschaum verrühren. Auf den Quark streichen, mit Mandelblättchen bestreuen und im vorgewärmten Ofen (180 Grad) 20 bis 30 Minuten backen.

Und weil sich das Elbflorenz und das Klein-Paris über Jahrhunderte um die Vorherrschaft in Sachsen stritten, versuchten sie einander natürlich auch in der Küche auszustechen.

Leipzig, wie es auf der Zunge zergeht – das sind die Leipziger Lerchen: Leicht gefettete Förmchen werden mit dünn ausgerolltem Mürbeteig ausgelegt und jeweils ein Klecks Erdbeer- oder Himbeerkonfitüre draufgegeben. Dann 80 g Margarine mit 125 g Zucker, Salz, einem Ei, 100 g Mehl, 125 g gehackten Mandeln, etwa 4 Eßlöffeln Milch und 3 Eßlöffeln Rum oder Weinbrand vermengen, die Masse in die Förmchen füllen, abgerädelte Teigstreifen kreuzweise obenauflegen und mit verquirltem Eigelb bepinseln. Das Ganze bei mittlerer Hitze etwa 25 Minuten backen.

Das Gebäck geht übrigens auf eine alte Tradition zurück. Noch im vergangenen Jahrhundert aß man in Leipzig in den Herbstmonaten weit über eine Million Vögel dieses Namens.

Natürlich müssen hier noch die Krönung sächsischer Weihnachtsbäckerei, der Dresdner Christstollen, und die heiß zu servierenden Quarkkeulchen erwähnt werden.

Wenn man von diesen kulinarischen Highlights einmal absieht, war und ist die sächsische Küche eher einfach, was ja nur auf soliden Geschmack schließen läßt und mit der Mentalität der bescheidenen Sachsen korrespondiert. In diesem Sinne gehörten Pellkartoffeln mit Quark und Leinöl auf jeden Fall früher zu den verbreitetsten Gerichten.

Gewandhausorchester: Kulturträger ersten Ranges

Was bleibt? Bleibt was? Wenn nun, nach dem Ende der DDR, derartige Fragen gestellt werden, dann kann, ohne zu zögern, das Wirken von Kurt Masur angeführt werden. Eine internationale Jury unter Vorsitz von EG-Präsident Jacques Delors wählte ihn in Paris zum Europäer des Jahres 1990, und das war eine gute Wahl. Dieser Mann hat nicht nur mutig für die Revolution Partei ergriffen, sondern er hat seit 1970 als Gewandhauskapellmeister in Leipzig eine Tradition bewahrt, die Weltbedeutung erlangt hatte.

1781: Leipzig war reich. Seine Handelsherren kannten die Welt und waren überaus selbstbewußt. Längst hatten sie sich eines der schönsten deutschen Rathäuser und prachtvolle Bürgerhäuser zugelegt, die – eine Leipziger Besonderheit – meist einen passagenartigen Durchgang von

einer Straße zur anderen aufwiesen. Vor allem aber liebten die Ratsherren die Musik, und so wurden die berühmten Gewandhauskonzerte veranstaltet, die so hießen, weil sie zunächst im ehemaligen Haus der Tuchmacherzunft stattfanden.
Dirigenten des Gewandhausorchesters waren unter anderen Felix Mendelssohn-Bartholdy, der Ungar Arthur Nikisch und in den zwanziger Jahren Wilhelm Furtwängler. Mendelssohn-Bartholdy, der zwölf Jahre lang in Leipzig wirkte, machte die Stadt damals zum Zentrum des europäischen Musiklebens.
Und was ist mit »Gewandhaussächsisch« gemeint? Der meist erfolglose Versuch des Normalsachsen, auf Reisen in nördlichen Gefilden hochdeutsch zu sprechen. Sklabbd nich immr.

Helden: Fehlanzeige?

In der Magazin-Beilage einer deutschen Tageszeitung wird allwöchentlich ein recht persönlich gehaltener Fragebogen von einer prominenten Persönlichkeit beantwortet. Eine der »heiteren und heiklen Fragen« lautet: »Ihre Helden und Heldinnen in der Wirklichkeit?«
Die Antworten zeigen, daß diese Frage für die meisten ungemütlich ist, denn sie flüchten entweder ins Ausland, indem sie Mutter Teresa oder Nelson Mandela benennen, oder sie bleiben unverbindlich allgemein. Da verehrt einer die »Mütter fröhlicher Kinder« als die wahren Helden der Welt und ein anderer »alte Frauen, die ängstlich die Straße überqueren«.
Wenn man den öffentlichen Äußerungen Glauben schen-

ken kann, dann sind wir ein an Helden armes Land geworden. Oder anders: Helden sind nicht mehr gefragt. Aber um so gefragter müßten folglich die Sachsen sein, denen ja schließlich der Ruf vorauseilt, ein völlig »unheldischer Stamm« zu sein. Von ihrer Mentalität her neigen sie nicht zu kriegerischen Eroberungen, und der singende Tonfall ihrer Sprache entbehrt ohnehin des Heldischen.

Vor allem aber sind Heldenrollen allemal nur zu vergeben, wo auch gesiegt wird, und da waren die Sachsen ja bis auf eine Ausnahme nie mit von der Partie. Große Militärstrategen und Heerführer? Wer sich dafür interessiert, muß nach Preußen schauen. Nur ihre Niederlagen haben die Sachsen immer heldenhaft gemeistert.

Im Nationenvergleich zählt das natürlich wenig. Trotzdem müssen sie sich überhaupt nicht betroffen fühlen, wenn Andrea Sarti in Bertolt Brechts Drama »Galileo Galilei« nach dem Widerruf des italienischen Naturforschers klagt: »Unglücklich das Land, das keine Helden hat!« Schließlich rückt Galilei ja die Dinge am Ende zugunsten der Sachsen wieder zurecht, indem er erklärt: »Unglücklich das Land, das Helden nötig hat.«

Und in diesem Sinne kann man im nachhinein noch dankbar sein, daß die »Heldenstadt« Leipzig auf ihren Straßen keine Helden im traditionellen Sinne hervorbringen mußte.

Kaffee(sachse): »Siesse mussr sein«

»Ei! Wie schmeckt der Coffee süße,
Lieblicher als tausend Küsse,
Milder als Muskatenwein.
Kaffee, Kaffee muß ich haben;

Und wenn jemand mich will laben,
Ach, so schenkt mir Kaffee ein!«

Dieser Ansicht war man in Deutschland vor gut 250 Jahren – natürlich in Sachsen. Kein Geringerer als Johann Sebastian Bach, von 1723 bis 1750 Thomaskantor in Leipzig, lobte den Kaffee in höchsten Tönen: Seine Kaffee-Kantate erzählt die Geschichte vom Lieschen, das eher auf Feste, Schmuck und schöne Kleider verzichtet als auf das geliebte Getränk und nur unter der Bedingung heiratet, daß es dem Kaffee weiterhin nach Lust und Laune frönen dürfe.
Und was läßt Lessing die Franziska in »Minna von Barnhelm« sagen, als ein Bedienter Kaffee aufträgt? »Hier kömmt eine Nahrung, bei der man eher Grillen machen kann. Der liebe, melancholische Kaffee!«
Auf diesem Sektor waren sie den Preußen eindeutig voraus: »Ä Schälchen Heeßen, awwr siesse mussr sein.« Und bald hatten sie den Spitznamen »Kaffee-Sachsen« weg. Daß sie meist »Bliemchengaffee« trinken, also jenes dünne Gebräu, bei dem man die Blümchen auf dem Tassenboden erkennt, ist ein Gerücht, und die Rede vom Schwerter-Kaffee (angeblich ist der so schlecht, daß man die gekreuzten Schwerter »echt Meissen« unter der Tasse erkennen kann) geht natürlich auf ganz boshafte Zungen zurück.

Karl May: Balsam für die Seele

Es war die Zeit der sächsischen Hausindustrie, als Karl May 1842 als das fünfte von vierzehn Kindern in eine bitterarme Weberfamilie geboren wird. Nur einen Lichtblick gibt es in seiner Kindheit – die Märchen erzählende Großmutter, die ihn in eine erfreulichere Welt entführt.

Später wird er unter größten Mühen Volksschullehrer, landet aber bald, des Diebstahls beschuldigt, im Gefängnis. Nach der Entlassung gerät er vollends aus der Bahn und verbringt insgesamt sieben Jahre seines Lebens hinter Gittern. Und in dieser Zeit wird er wohl bereits begonnen haben, den Wilden Westen und seinen Winnetou zu erträumen.

1892, als er endlich einen Dresdner Verleger gefunden hat, schreibt er im Vorwort seines berühmtesten Abenteuerromans: »Ich kann nur klagen, aber nichts ändern; ich kann nur trauern, doch keinen Toten ins Leben zurückrufen. Ich? Ja, ich! Habe ich doch die Roten kennengelernt während einer Reihe von Jahren, und unter ihnen einen, der hell, hoch und herrlich in meinem Herzen, in meinen Gedanken wohnt ... Ich habe ihn geliebt wie keinen zweiten Menschen und liebe noch heute das sterbende Volk, dessen edelster Sohn er war. Mein Leben hätte ich hingegeben, um ihm das seine zu erhalten, so wie er hundertmal für mich das gleiche wagte ... Aber er soll nur körperlich gestorben sein und hier in diesen Blättern fortleben, wie er in meiner Seele lebt, er, Winnetou, der große Häuptling der Apatschen.«[38]

Der Mann aus Radebeul war mehr als ein »herrlicher Lügenbold«, und so wäre es einfach kleinlich, ihm anzukreiden, daß er schließlich niemals auf einem Pferd gesessen hat. Sein Winnetou ist das erträumte Selbstporträt eines vom Leben gebeutelten Menschen, er ist die Antwort auf die vielen schmählichen Niederlagen und Demütigungen, die der Schriftsteller erleiden mußte. Die Psychoanalytiker sagten es schon: Wenn die Wirklichkeit nicht so ist, wie man sie gern hätte, wird in der Phantasie nachgebessert.

In einem Punkt soll die Wirklichkeit abschließend aber doch noch zu ihrem Recht kommen. Unter der Überschrift »Der wirkliche Karl May« deutet Hans Reimann an, wie zum Beispiel der Roman »In den Kordilleren« tatsächlich klingen müßte:

»Auf ainmahl bringd dähr doch unndr saim Dallahr ain Gijjnmässr anggewärrjd unn fummld mir drmidd fohrdr Nase rum. Das war Sie fillaichd aine mulmiche Sidduadzjohn. Ringsrumm unn ohmdriwwr laudr Dohdn-Gebbe, unn diräggd vor uns diesr Heinrich midd sain giffdjn Gijjnmässr unn außrdähm die beedn Buhsde-Rohre, die ooch nich krahde von Babba wahrn. Schaißlich, saach ich Ihn.«[39]

Für ein Greenhorn in Sachsenkunde ist das natürlich nichts.

Meißen: die Urzelle

Der Strom der deutschen Geschichte speist sich aus vielen einzelnen Quellen, und eine nicht gerade unbedeutende liegt in der Region zwischen Elbe, Saale und Erzgebirge. Schon eineinhalb Jahrtausende vor Christus entwickelte sich in dieser Region die hochstehende Lausitzer Kultur, und hier versperrten germanische Stämme Rom den Zugang zur Elbe. Neun Jahre vor der Zeitenwende kam der Feldherr Drusus im Saaletal um – auf dem Rückweg.

Zur Zeit der Völkerwanderung gab es dann ein wirres Hin und Her: Semnonen, Langobarden, Hermunduren, Markomannen, Thüringer und Franken trampeln über ein Gebiet, in das später Slawen aus der Gegenrichtung bis zur Saale vordringen, dem Grenzfluß Karls des Großen. Diese werden bald darauf ihrerseits von germanischen Siedlern wieder zurückgedrängt – jenen Siedlern, unter denen

schließlich der sächsische Stamm dominierend hervortritt. Kartographen hätten es in jenen Zeiten gewiß schwer gehabt.
Aber dann kam Heinrich I., stoppte die Einfälle der Ungarn und errichtete an der Elbe auf hohem Felsen die Feste Meißen. Sie wurde zur Urzelle des späteren sächsischen Staatsgebildes. Hier betritt das von der Saale stammende Adelsgeschlecht der Wettiner die historische Szene, die sie erst nach 829 Jahren anno 1918 wieder verläßt. »Macht euern Dregg alleene!« – das waren die berühmten Abschiedsworte.
Meißen ist aber mehr als die politische Urzelle eines geschichtsträchtigen Staates. Denn da ist natürlich noch das meißnische Deutsch, also das Obersächsische, das im mitteldeutschen und vor allem im norddeutschen Raum vom 16. bis 18. Jahrhundert als die vorbildliche Sprech- und Schreibform galt. Johann Christoph Adelung, der im ausgehenden 18. Jahrhundert das erste große deutsche Wörterbuch schuf, ging vom Sprachideal des Meißnischen aus – eine Auffassung, die allerdings spätestens nach der Niederlage Sachsens im Siebenjährigen Krieg in Preußen überhaupt nicht mehr geteilt wurde.

Meissen: friedliche Schwerter

Am Anfang stand die neue Bekanntschaft mit drei »warmen Lust-Getränken«, nämlich Tee, Kaffee und Schokolade, und das Bedürfnis, diese aus passenden Gefäßen, möglichst aus Porzellan, das man ja bereits aus China kannte, zu trinken.
Das Porzellan war auch der Stoff, von dem August der Starke träumte. Im Kurfürstentum Sachsen gab es die

besten Voraussetzungen, um die zielgerichtete Suche nach dem Geheimnis des begehrten ostasiatischen Porzellans voranzutreiben: zum einen die Erkenntnisse aus dem sächsischen Montan- und Hüttenwesen als wissenschaftliche Grundlage und zum anderen die notwendigen finanziellen Mittel.
Im Jahre 1707 war es dann soweit. Der Apotheker Johann Friedrich Böttger und der Physiker Walther von Tschirnhaus, beide unterstützt von einer kleinen Zahl hochqualifizierter Berg- und Hüttenleute, hatten die Grundzüge der Herstellung des »weißen Goldes« entdeckt: ein bestimmtes Mischungsverhältnis von Kaolin (Porzellanerde; wichtige Vorkommen gab es in Meißen), Quarz und Kalifeldspat. Am 28. März 1709 meldete Böttger August dem Starken endlich in einer Art Patentschrift, er habe Porzellan erfunden, welches dem ostasiatischen ähnlich, wenn nicht gar überlegen sei. Und am 23. Januar 1710 erfolgte dann durch die Hofkanzlei in Dresden eine Bekanntmachung in Deutsch, Latein, Holländisch und Französisch, daß der Kurfürst von Sachsen und König von Polen eine Porzellanmanufaktur zu errichten gedenke. Als Produktionsstandort wurde die geschichtsträchtige Albrechtsburg in Meißen ausgewählt, wohl, um die geheimen Rezepte besser unter Verwahrung halten zu können. Damit begann weltweit der einmalige Siegeszug der gekreuzten blauen Schwerter (Vieux Saxe).
Das berühmte blau-weiße Zwiebelmuster ist seit gut 250 Jahren der absolute Renner des Sortiments, ohne daß die meisten allerdings wissen, daß in diesem fernöstlichen Dekor gar keine Zwiebeln, sondern Pfirsiche und Granatäpfel dargestellt sind. Für jene, die ein wenig mehr ausgeben möchten, sei noch das Schwanenservice erwähnt.

Davon läßt sich ohne weiteres eine Kollektion für eine halbe Million Mark zusammenstellen.
Nein – Massenware ist das »Meissener« nicht, und so wird sich denn auch nach dem Umbau der ältesten Porzellanmanufaktur Europas zu einer GmbH an den Wartezeiten nichts ändern.
Übrigens: Bis es ein Porzelliner, der sich auf Unterglasur- oder Aufglasurmalerei, auf Indisch- oder Blumenmalerei spezialisieren kann, zu höchster Perfektion bringt, vergehen im Schnitt über zehn Jahre.

Minna von Barnhelm: »Ei, ei, aus Sachsen!«

Der Wirt (schreibt): »von Barnhelm« – Kommend? woher, gnädiges Fräulein?
Das Fräulein: Von meinen Gütern aus Sachsen.
Der Wirt (schreibt): »Gütern aus Sachsen« – Aus Sachsen! Ei, ei, aus Sachsen, gnädiges Fräulein? aus Sachsen?
Franziska: Nun? warum nicht? Es ist doch wohl hierzulande keine Sünde, aus Sachsen zu sein?
Der Wirt: Eine Sünde? Behüte! das wäre ja eine ganz neue Sünde! – Aus Sachsen also? Ei, ei, aus Sachsen! Das liebe Sachsen! – Aber wo mir recht ist, gnädiges Fräulein, Sachsen ist nicht klein und hat mehrere – wie soll ich es nennen? – Distrikte, Provinzen. – Unsere Polizei ist sehr exakt, gnädiges Fräulein.
Das Fräulein: Ich verstehe, von meinen Gütern aus Thüringen also.

Mit dem Dresdner Gotthold Ephraim Lessing trat der eigentliche Begründer einer modernen deutschen Literatur und Literaturkritik auf den Plan, fortwirkend bis in unsere

Tage als Erzieher zu Toleranz und Selbstkritik, zum Abbau trennender Schranken zwischen den Menschen.
Johann Wolfgang von Goethe bezeichnete »Minna von Barnhelm« als »Ausgeburt des Siebenjährigen Krieges« und urteilte rückblickend in »Dichtung und Wahrheit«: »Die gehässige Spannung, in welcher Preußen und Sachsen sich während dieses Krieges gegeneinander befanden, konnte durch Beendigung desselben nicht aufgehoben werden. Der Sachse fühlte nun erst recht schmerzlich die Wunden, die ihm der überstolz gewordene Preuße geschlagen hatte.«
Mit dem Schauspiel sollte der »Friede zwischen Gemütern« wiederhergestellt werden, und das ist zumindest auf der Bühne in einzigartiger Weise gelungen. Goethe: »Die Anmut und Liebenswürdigkeit der Sächsinnen überwindet den Wert, die Würde, den Starrsinn der Preußen, und sowohl an den Hauptpersonen als den Subalternen wird eine glückliche Vereinigung bizarrer und widerstrebender Elemente kunstgemäß dargestellt.«

Moritz von Sachsen: »scharfer Bluthund«

»O wie wird im Himmel vor allen Engeln die Undankbarkeit Herzog Moritz' stinken und einen schrecklichen Zorn über seinen Kopf erregen!« Dies schrieb Martin Luther 1542 »wider den scharfen Bluthund Moritz«, den gerade 21 Jahre alten albertinischen Herzog von Sachsen und Gegenspieler von Luthers ernestinischem Landesherrn Johann Friedrich dem Großmütigen.
Auch als »Judas von Meißen« wurde der spätere Kurfürst damals von manchen verflucht, und dabei gilt er doch aus politischer Sicht als einer der wenigen Landesfürsten von

wirklich europäischem Zuschnitt. Moritz war der einzige deutsche Landesherr, der gegen die Türken, als sie das Abendland bedrohten, nicht nur Truppen schickte und Geld gab, sondern selbst ins Feld zog. Und er war der letzte im Kampf gefallene regierende Fürst der deutschen Geschichte. 1553 wurde er im Alter von 32 Jahren im Kampf gegen einen berüchtigten Söldnerführer, nämlich Albrecht Alcibiades von Brandenburg-Ansbach (»Geißel Frankens«), tödlich verwundet.

Wer das Schloß Moritzburg nördlich von Dresden oder das Grabmonument des Wettiners in der Domkirche von Freiberg besichtigt, ahnt, daß damals große Hoffnungen zu Grabe getragen wurden – vor allem die Hoffnung auf eine Neugestaltung des brüchig gewordenen Reiches auf einer föderalen und toleranten Basis.

»Judas von Meißen«? Zu Beginn der Reformation hält der Herzog des albertinischen Sachsen zu Kaiser und Rom. Für Karl V. erringt er im Schmalkaldischen Krieg den entscheidenden Sieg über das protestantische Gegenlager, indem er bei Mühlberg seinen Vetter Kurfürst Johann Friedrich von Sachsen schlägt und gefangennimmt. Als Folge fallen Moritz und den Albertinern die sächsische Kurwürde und der Hauptteil der ernestinischen Lande zu. Sein unglücklicher Verwandter muß sich auf den thüringischen Splitterbesitz zurückziehen, der nach vielen Jahren abenteuerlichster Zwergstaaterei erst 1920 zum Land Thüringen wiedervereinigt wird.

Nur fünf Jahre nach dem gemeinsamen Sieg organisiert Moritz von Sachsen dann allerdings ein Bündnis gegen den Kaiser – die berüchtigte Fürstenverschwörung – und ebnet damit einem toleranten Nebeneinander der beiden Bekenntnisse den Weg (Passauer Vertrag und später Augssterburger Religionsfriede von 1555). Hätte Sachsen in seiner Geschichte jemals einen Fürsten mit dem Zusatztitel »der Große« hervorgebracht, dann hätte diese Ehrung sicher Moritz zugestanden. Aber solche Erhöhungen lagen den Sachsen offenbar nicht.

Erinnert sei auch noch einmal an einen anderen Moritz von Sachsen, der in die Geschichte eingegangen ist. Er war der Sohn Augusts des Starken und der Gräfin Maria Aurora von Königsmarck und errang als Maréchal de Saxe im österreichischen Erbfolgekrieg entscheidende Siege für Frankreich. Und da Anekdoten auf besonders eigenwillige Weise den Charakter eines Menschen beleuchten, soll diese hier wiedergegeben werden:

Der Marschall von Sachsen hatte einen Soldaten zum Tode durch den Strick verurteilt, weil dieser gestohlen hatte. Das Diebesgut war zwar nur einen Taler wert, aber es galt, die Disziplin zu wahren. Als der Mann eben zum Richtplatz geführt wurde, begegnete ihm zufällig der Marschall und sagte: »Bist du nicht ein rechter Tor gewesen, dein Leben für einen Taler zu wagen?«

»Herr General!« antwortete da der Soldat, »ich habe es täglich für 19 Pfennig gewagt!« Daraufhin wurde er begnadigt.

Das Grabmonument von Moritz von Sachsen in der kleinen Thomaskirche in Straßburg gehört übrigens zu den schönsten Kunstwerken des Hochbarock. Es erinnert an einen der vielen Sachsen, denen die Heimat zu klein geworden war.

Mundartlandschaften: ’s reschnt und ’s rahnt

Dr. Gunter Bergmann weist in seinem »Kleinen sächsischen Wörterbuch« darauf hin, daß es keine Kennwörter für das gesamte Sächsische und damit auch keine geschlossene sprachliche Kernlandschaft gäbe. Bei seiner interessanten Sammlung von über 3000 Wörtern aus dem Dialektwortschatz des (alten) Landes Sachsen unterscheidet er sage und schreibe 21 Mundartlandschaften, zu denen beispielsweise das Meißnische (Kleed = Kleid, scheen = schön), das Osterländische im Nordwesten um Leipzig (Gint = Kind, Gohln = Kohlen) und das West- und Osterzgebirgische (Ma = Mann, schi = schön, Heisl = Häuschen) gehören. Bei letzterem sind noch die Einflüsse der Mainfranken zu erkennen. Ein Beispiel für diese mundartliche Sonderform gibt Anton Günther mit seinem Loblied auf »Gebackene Knödle«:

»Ka ’s denn wos Bessersch gaabn
als wie gebackene Knödle?
Mer lackt de Händ on de Finger dernooch
als wie de Katz de Pfötle.
. . .
On denkt mer dra, fängt schu der Mogn
ve Freiden a ze bromme,
drüm loß mer aah in Arzgebirg
über gebackene Knödle nischt komme.«[40]

Einen ganz anderen Klang haben die Lausitzer Mundarten, vor allem durch das harte, rollende Zungen-R, das sich deutlich von der sehr weichen sächsischen Umgangssprache abhebt. Dies geht auf die politische Sonderstellung der Lausitz zurück, die immerhin bis 1635 der böhmischen

Krone unterstand. Und wenn der Lausitzer Weber in der folgenden anonymen Überlieferung von seinem »Dorfkretscham« erzählt, haben die Auswärtigen bestimmt Verständnisprobleme:

»Wenn 'ch uff'n Obend zu Rande bin
mit Assen un mit Suppen
do gie'ch a wing an Kratschn hin
un keff' mr no an Druppen.

Ne arnd, doß 'ch goor a Siffl'ch wär,
a liederliches Sticke,
nee, ich verintressier' mich sehr
fer Wirtschaft und Pul'ticke . . .«[41]

Das »Kretscham« oder »Kratschn« ist übrigens das Wirtshaus und dem Slawischen »krčma« (Schenke) entlehnt. Als eigentlich »sächsisch« gilt die obersächsische Umgangssprache, bei der das e als ä (gäbn = geben), das ö als e (Geenich = König) und das ü als i ausgesprochen wird. Etwa so wie in dem Gedicht »D'r Sakkse« von Georg Bötticher:

»In Schbrachgebied von Meißen
Driffd m'r dän Menschen ann,
Dän sich – zumal in Breißen
Gee Mensch vergleichen gann.

Von zardrer ›Seelensgiede‹
Gee zweeder is begannd,
Ä weechrer von ›Gemiede‹
Läbd nich in deidschen Land.

Ihn schiddsen Gedderhände
Vor ›harder Lähmensnod‹

Un schdärbd'r ooch am Ende –
Geens schdärbd ä samfdern ›Dod‹!«[42]

Und so wäre denn abschließend mit Gunter Bergmann nur noch festzuhalten, daß derjenige Sprecher vorbildlich ist, der über verschiedene Kommunikationsmöglichkeiten verfügt und in der Lage ist, für die jeweilige Situation die passende auszuwählen. Im übrigen halten selbst »mundartfreie« Sprecher die feine hochsprachliche Norm nicht immer sauber durch – etwa, wenn sie mit dem Hammer ihren Daumen getroffen haben.

Prinzenraub: Frevel zu Altenburg

Am 7. Juli 1455 findet im Schloß zu Altenburg gegen Mitternacht eine der letzten romantischen Ritterfehden ihren Höhepunkt: Kunz von Kaufungen raubt im Bunde mit zwei anderen Rittern die Prinzen Ernst und Albrecht, die im Kindesalter stehenden Söhne des sächsischen Kurfürsten Friedrich des Sanftmütigen.
Am Morgen nach der Tat wird im Schloß ein Fehdebrief abgegeben: »Erlauchter, hochgeborener Fürst und Herr, Herr Friedrich, Herzog zu Sachsen, Landgraf in Thüringen, Markgraf zu Meißen, wisset, daß ich, Konrad von Kaufungen, wegen der Sache, die Ihr in meiner Klage vernommen habt, mit all meinen Helfern und Helfershelfern Euer und all der Euren Feind sein will, und will darin meine Ehre mit all den Vorgenannten gegen Euch gewahrt wissen . . .«[43]
Kunz von Kaufungen wollte mit den Fürstenkindern ein Pfand in die Hand bekommen, um einen juristischen Streit mit Friedrich (es ging um dreitausend Goldgulden) in sei-

nem Sinne zu entscheiden. Die Sache ging gründlich schief, denn Ritter Kunz wurde kurz vor der böhmischen Grenze von einem Köhler erkannt und mit Hilfe seiner Knechte überwältigt. Von 24 Geschworenen zum Tode verurteilt, wurde Kaufungen einige Tage später auf dem Obermarkt zu Freiberg enthauptet.
Dreißig Jahre später gab es zwischen den einst gekidnappten Prinzen dann solche Zwistigkeiten, daß sich das Adelsgeschlecht der Wettiner nach nunmehr 400 Jahren in die albertinische und die ernestinische Linie teilte.

Reisen: Wo du auch hinkommst...

»Bahnhofsstraßen und rue'en,
Boulevards, Lidos, Laan –
selbst in den fifth avenue'en
fällt Sie die Leere an –«

So abfällig dichtete der Berliner Facharzt für Haut- und Geschlechtskrankheiten, Gottfried Benn, über das Reisen. Jürgen Hart vom Kabarett »academixer« hält mit der neuen Nationalhymne der Sachen (»Sing, mei Sachse, sing!«) dagegen:

»Der Sachse liebt das Reisen sehr
Nu nee, lich das in Gnochen!
Drum fährt er gerne hin und her
in sein drei Urlaubswochen.
Bis nunder nach Bulgarchen
dut er die Welt beschnarchen!«

Sachsen sind reiselustig. »Wo du auch hinkommst«, so jedenfalls hieß es, bevor sich der Eiserne Vorhang senkte,

»ein Sachse ist schon da.« Sein Singsang war ja auch unverkennbar. Herbert Schöffler berichtet aus früheren Zeiten: »Eine Sommerfrische ohne sich fleißig umsehende, an allem intensiv interessierte, ständig neue ›Partien‹ planende, auf jeden Berg ›machende‹ Sachsenfamilien ist undenkbar . . ., da war man noch nicht, und schon sind sie da.«
Nun gibt es sicher keinen genetischen Ort, an dem so etwas wie Reisefieber verankert wäre, aber Sachsen lag und liegt im Herzen Europas. Hier war die Schnittstelle der beiden alten Handelsstraßen Via Regia, die von Madrid nach Kiew führte, und Via Imperia, die Rom mit Skandinavien verband. Wer zog nicht alles in und durch das Sachsenland? Da hörte man viel aus der weiten Welt, und das machte neugierig und mußte bei der den Sachsen eigenen Quicklebendigkeit so bald wie möglich »beschnarcht« werden.
Und wer war einmal der absolute Weltmeister im Reisen? Ein Korrektor in der Buchdruckerei G. J. Göschen in Grimma an der Mulde. 1801/02 machte er eine Fußreise nach Sizilien, und 1805 wanderte er noch nach Rußland, Finnland und Schweden. Bekannt wurde er, Johann Gottfried Seume, mit seiner Schilderung »Spaziergang nach Syrakus«.[44]
Doch auch wenn hier der Versuchung nachgegeben wird, die sächsische Reiselust namhaft zu machen, soll doch nichts übertrieben werden. Der Schriftsteller Freiherr von Wolzogen ging mit seinem Vers aus dem Jahre 1901 gewiß einen Schritt zu weit:

»Wenn dich die höchsten Gipfel grießen,
Zieht es dich in die Wieste hin,
Liegt dir e Paradies zu Füßen –
E Sachse liegt schon mitten drin.«

Sächsinnen: gägge Meisel

»Ja, Weibes Nam strahlt über allem Lichte.« Das hohe Lob der »frouwe« verkündete bereits Heinrich von Meißen (mit dem Spitznamen Frauenlob) um 1300, jener Dichter des Übergangs zwischen höfischer Minne und bürgerlichem Meistergesang. Aber der bereiste als Fahrender ja viele Höfe, und so bleibt unklar, ob er auf die Sächsinnen ein besonderes Auge geworfen hatte. Keine Zweifel an den Präferenzen läßt später allerdings ein Handwerkerlied: »Darauf so bin ich gegangen nach Sachsen, wo die schönen Mädchen auf den Bäumen wachsen.«

Goethe, der gewiß als Kenner angeführt werden darf, schätzte ganz besonders die Leipzigerinnen. Und der Dichter Franz Grillparzer auch: »Leipzig hat einen offenbaren Vorzug vor Dresden, nämlich die wundersame Anzahl hübscher Mädchen.« Vielleicht blieb er deshalb unverheiratet und Kathi Fröhlich seine »ewige Braut« – immerhin 41 Jahre lang.

Etwas mehr ins Detail geht ein Messebesucher um 1800: »Komm nach Leipzig, lieber Baron, und du sollst nach dem, was ich nun weiß, auch keine einzige Minute müßig sein . . . O lieber Baron, was hab ich hier schon für göttliche Weiber erkannt; Himmel! meine Sinnen schwinden, wenn ich nur den entferntesten Gedanken wage, einst in einer seligen Stunde mit meiner ganzen Manneskraft nur einer von ihnen es zu gestehen, daß ich nie in einem vollern Meere höherer Seligkeit schwamm, als in dem Augenblicke, da unser Wollustverzucken zu einem seligen Ermatten dahinschmolz.«

August Salomon Maurer, der in seiner Begeisterung nicht zu bremsen war und diese auch noch in dem Briefroman

»Leipzig im Taumel« publizierte, mußte bald nach Erfurt türmen, weil sich in seiner Schrift noch die folgende Feststellung fand: »O lieber Baron, soviel niederträchtige Geschöpfe und verworfene Mädchen jeder Art wirst du wohl nie antreffen, als zur Zeit der Messe in Leipzig. Abends wimmelt's auf den Straßen von diesen Frauennimpfen in Corsets und Saloppen.«[45]
Wie gut kommen da doch die Elbflorentinerinnen in einem Damen-Conversationslexikon aus dem Jahre 1864 weg: »Die Liebenswürdigkeit der Dresdnerinnen ist sprichwörtlich, sie sind gebildet und nicht überbildet, geistreich, gesprächig, intelligent, poetisch, elegant in der Tracht und nicht modisch überladen, vergnügt, aber nicht vergnügungssüchtig, fromm, aber nicht frömmelnd. Ihre Nähe ist wohlbehaglich, ihre Unterhaltung anziehend, sie sind zuvorkommend gegen Fremde, ermutigen den Schüchternen, bleiben aber stets in den Schranken der Sittsamkeit und Grazie.«[46] Heute würden wir sagen, daß sie wohl wußten, wie weit sie zu weit gehen durften.
Ein moderneres Frauenporträt – »'s Heidereeslein in Sachsen« – hat Lene Voigt gezeichnet, die hintersinnige Mundartdichterin aus Leipzig:

»Midden uff dr Dräsdner Heide
Schtand ä Weib in rosa Seide.
Schigge Schtrimbe, Bubigäppchen,
An dn Ohrring' goldche Gnäbbchen.

Da gam ä Modorradfahrer.
Ohne Soziusbubbchen warer.
Däm lief mit gogädder Mine
's Freilein flink vor de Maschine.

›Hald!‹ so rief de gägge Gleene.
›Nimm mich mit, sonst wär'ch gemeene!‹
Wubbdich, schwangse sich uffs Rädchen. –
Ja, so sin de sächs'schen Mädchen.«[47]

Und der Sachse von heute – wie sieht der seine Sächsin? Eigentlich ganz normal: Kaum im Stand der Ehe, wird sein »Meisel« in »Mudder« oder »Mucke« umbenannt.

Sächsischer Doppelkopf: Rivalen

In Chemnitz wird das Geld erwirtschaftet, in Leipzig wird es gehandelt und in Dresden ausgegeben. So sagte man, und es zeigt sich hier wie überall, daß eine schweißtreibende Beschäftigung – den Spitzensport einmal ausgenommen – keine sonderliche Wertschätzung genießt. Die Stadt am Chemnitzfluß erhielt zwar im Jahre 1357 das Recht, eine Bleiche anzulegen, aber das war nichts im Vergleich zu den Privilegien, die man an Pleiße und Elbe erwarb: Leipzig wurde 1165 das Marktrecht zugesprochen, und für Dresden ist seit 1196 eine »Curie« bezeugt, also ein befestigter Hof mit Beamten.
Damit waren beizeiten die Weichen für die weitere Entwicklung gestellt, die Chemnitz nicht nur für die Reiseführer unserer Zeit zum Aschenputtel werden ließ. Besondere Kennzeichen: Textilindustrie, Maschinenindustrie, eine überwiegend aus Arbeitern bestehende Einwohnerschaft, 1953 über die Köpfe hinweg ein ungeliebter neuer Name und der »Nischel«, jenes 42 Tonnen schwere Haupt des Namenspatrons. Seit kurzem allerdings dürfen die Chemnitzer wieder Chemnitzer sein und dort anknüpfen, wo ihre Betriebsamkeit und ihr Einfallsreichtum einst abgewürgt wurden.

Chemnitz, das war schließlich auch die Stadt der kleinen Gewerbetreibenden, der Techniker, der risikofreudigen Unternehmer und der Erfinder. Hier konstruierten die Gebrüder Schönherr im Jahre 1845 den ersten mechanischen Webstuhl und leiteten eine industrielle Revolution ohnegleichen ein.
Aber das Rennen um die Gunst im Lande lief seit Anbeginn ausschließlich zwischen Leipzig, dem Zentrum des Handels und der Geschäfte, und Dresden, der Schaltstelle der Verwaltung und Metropole der Beamten. Früh schon stritt man etwa um die Führungsrolle in der Musik: Johann Sebastian Bach, Felix Mendelssohn-Bartholdy und Robert Schumann (erst später in Dresden) hoben das Ansehen von Leipzig, während Heinrich Schütz, Carl Maria von Weber (die Wolfsschlucht des »Freischützen« ist bestimmt im Elbsandsteingebirge zu finden), der gebürtige Leipziger Richard Wagner und Richard Strauss Dresdens Ruf auf dem Gebiet der Oper begründeten.
Fast zeitgleich erhielten beide Städte auch ihre Beinamen: Goethe nannte sein Leipzig »klein Paris« (Faust), und Johann Gottfried Herder prägte für Dresden das Wort vom »deutschen Florenz«. Im 19. Jahrhundert bildete sich dann jenes Kräfteverhältnis heraus, wie es sich bis heute erhalten hat beziehungsweise wieder aktuell wurde: hier die Messe- und Börsenstadt, die Stadt des Buchdruckes und -handels, der Rauchwarenhändler und der traditionsreichen Universität – dort die Residenzstadt, die Stadt der berühmten Kunstschätze und Theater, die Stadt mit der obendrein wunderschönen Umgebung. Spöttisch sprachen manche damals allerdings auch von der »Ruhestätte für Pensionäre und reiche Fremde«.
Alles in allem war Dresden die Stadt der Künste, Leipzig

aber der geistige Mittelpunkt Sachsens. Hier hatte Luther mehrfach gepredigt und mit seinen Widersachern disputiert, und hier fanden die Friedensgebete in der Nikolaikirche und die Montagsdemonstrationen statt, die man gewiß zu den weltgeschichtlichen Ereignissen unserer Zeit zählen kann.

Leipzig und Dresden sind jeweils auf ihre Art etwas Besonderes. Inwiefern kann man das auch über die Bewohner sagen? Denn schließlich muß ja wohl auch hier gelten, was für alle Großstädte gilt: Von ihnen geht eine »Anformungskraft« aus, das heißt, sie schwören ihre Bewohner auf bestimmte Werte und Haltungen ein und bewirken dadurch eine gewisse Vereinheitlichung.

Wenn Leipzig also über Jahrhunderte vom Handel lebte, dann darf unterstellt werden, daß dies die Leipziger zur Realitätsnähe erzogen hat. Und wenn es immer darum ging, möglichst viel für die »Meßfremden« aus aller Herren Länder zu tun, dann kann weiterhin angenommen werden, daß man an der Pleiße weltoffener und -gewandter als anderswo ist. Selbstverständlich gibt man sich selbstbewußt, aber nicht überheblich – in Leipzig findet man kein einziges richtiges Schloß, und eine Silhouette ist auch nicht zu erkennen, wenn man sich der Stadt nähert, die in einer flachen und inzwischen leider von der Industrie zerstörten Landschaft liegt.

Und die Dresdner? Bei dem Publizisten Julius Schladebach, selbst ein Dresdner, kommen sie gar nicht gut weg. Aber sein Ärger hat wohl auch etwas damit zu tun, daß Sachsen nach dem Wiener Kongreß von 1815 gerade drei Fünftel seines Territoriums verloren hatte: »Charakteristische Züge finden sich ohne Zweifel; aber wie aus einzelnen Linien, aus einzeln nebeneinander gestellten Farben noch kein Gemälde wird, so bilden auch jene noch keinen Charakter. Will man indeß doch durchaus für das Kind einen Namen, so möchte man das Conglomerat aller dieser einzelnen Züge wohl mit der Bezeichnung: höfische Kleinstädterei, am einfachsten und doch am umfassensten zur Anschauung bringen.«[48]

Nun mußten die Bewohner von Haupt- und Residenzstädten wohl seit jeher damit leben, von der »Provinz« ins Zwielicht gebracht zu werden. Nach Dresden, so hieß es denn früher auch spöttisch, schickt man Mädchen ins Pensionat für höhere Töchter, und in Dresden besucht man Museen. Ganz böse äußerte sich vor fast 200 Jahren der Schriftsteller Jean Paul: »Ich habe ... die fürstliche heilige Familie nebst dem plattgedrückten Hoftroß in der katholischen Kirche an der Himmelfahrtsfeier (gesehen), wo zugleich das Kind einer Prinzessin hineingetragen wurde, das die Trompeter taub bliesen gegen künftige Bitten. – Ich habe dabei meine demokratischen Zähne geknirscht, am meisten über das gekrümmte Schranzenvolk von Dresdnern, die nicht schön, nicht edel, nicht lesbegierig, nicht kunstbegierig sind, sondern nur höflich.«[49]

Es gab also nicht immer nur Lob, doch als nur wenige Jahre nach Jean Paul die Deutschlandkennerin Madame de Staël durch Sachsen reiste, machte sie den Sachsen und Dresdnern im nachhinein viele Komplimente.

Wer diese Stadt noch aus der Zeit vor ihrer Zerstörung kennt, wird im übrigen selbst am besten beurteilen können, wie sie ihre Bewohner geprägt und welche Charaktere oder Temperamente sie besonders angezogen haben mag, und die Nachgeborenen werden bei ihrem Besuch und Aufenthalt gewiß auch etwas davon erahnen.

Wie wird es nach der Wende weitergehen? Beide Städte

hoffen, an den Glanz alter Zeiten anknüpfen zu können. Durch die Wiedererlangung der Hauptstadtfunktion ist Dresden für viele Investoren und Geldgeber wie von selbst interessant geworden, während Leipzig seinen Ruf als Wirtschafts-, Wissenschafts- und Kulturzentrum Deutschlands erst wieder neu begründen muß. Zu diesem Zwecke wurden kürzlich der Leipzig-Förderverein e. V. und die Kulturstiftung Leipzig ins Leben gerufen.
Leipzig wird es auf seinem Weg in eine bessere Zukunft schwerer haben, und das liegt nicht zuletzt an den belastenden »Altindustrien« wie dem Braunkohlentagebau, der die Stadt einschnürt. Dennoch wird man von Leipzig noch eine Menge hören, und das nicht nur, weil dort der Landessender Sachsenradio ansässig ist.

Schwarze Blattern: Ein Kuß macht Geschichte

Mit einem historischen Determinismus, der ja besagt, daß sich alles zwangsläufig auf einen utopischen Endzustand hin bewege, konnte man den Sachsen niemals kommen, weil sie viel zu geschichtsbewußt sind.
Was wäre Sachsen ohne August den Starken? Spekulationen sind müßig, aber nicht nur die Dresdner kennen die banale Geschichte, der August seine Landesherrschaft und damit seine Wirkungsmöglichkeit als Barockfürst verdankt.
Als zweiter Sohn des Kurfürsten Johann Georg III. und der dänischen Prinzessin Anna Sophie war er zunächst gar nicht für den Thron bestimmt, und als sein Vater, der Kämpfer gegen die Türken vor Wien, starb, wurde entsprechend der Erbfolge Bruder Johann Georg der Nachfolger.

Dieser zur Melancholie neigende Fürst verliebte sich nun, ehe er so recht zum Regieren kam, in ein Fräulein von Neitschütz, was dem Hofe allerdings überhaupt nicht ins politische Kalkül paßte. Schließlich hatte man für ihn längst Eleonore Erdmuthe Luise von Ansbach ausgesucht, weil mit dieser Dame die Chance einer Annäherung an Brandenburg gegeben war. Damit wäre immerhin die Schaukelpolitik zwischen dem nördlichen Nachbarn und Österreich zu Ende gewesen.

Johann Georg erklärte sich – wenn auch äußerst widerwillig – aus Gründen des Staatsraison und damit zur Zufriedenheit fast aller Beteiligten einverstanden und empfing seine Verlobte und zukünftige Gemahlin Eleonore Erdmuthe in Dresden – gemeinsam mit seiner Mätresse. Welch ein Affront.

So, wie sie startete, verlief die Ehe auch später, und beinahe wäre sie der Überlieferung zufolge durch einen Totschlag im Affekt vorzeitig beendet worden. Ein dauernder Streitpunkt zwischen den Ehegatten war vor allem der Umstand, daß Johann Georg dem Fräulein von Neitschütz das Gut Pillnitz überlassen hatte und wohl allemal nicht von ihr lassen konnte. Doch eines Tages erkrankte sie an den gefürchteten schwarzen Blattern. »Keine Gewalt aber konnte den Kurfürsten von ihr trennen«, schreibt Helene Nostitz in einer interessanten Abhandlung über jene Zeiten am sächsischen Hofe, »und der Kuß, den er der Sterbenden auf die Lippen drückte, brachte auch ihm den Tod – und August den Kurhut.«[50]

Ein Kuß, der Geschichte machte, und ein Beispiel für die reichen Bestände an Geschichtsbildern, aus denen sich die Identität der Sachsen auch in jenen Zeiten nährte, in denen vor allem der Blick nach vorn verordnet war.

Selbstmordrate: ein Vergleich

Der französische Soziologe Emile Durkheim schrieb 1897 in seinem damals grundlegenden Buch »Le suicide«: »Der Teil Europas, in dem man sich am häufigsten das Leben nimmt, ist der, in dem Dänemark und Mitteldeutschland liegen. Nun ist in diesem weiten Gebiet das Königreich Sachsen das Land, das unbestritten an der Spitze steht. Es hat 311 Selbstmorde pro Million Einwohner.«[51]

Warum? Der auf Fachtagungen oft von Psychologen und Ärzten zu hörende Hinweis auf die starke Industrialisierung, die hohe Bevölkerungdichte und die damit verbundenen anderen unleidlichen Begleiterscheinungen kann nicht greifen, weil dies für das Ruhrgebiet ebenfalls und für Dänemark wiederum überhaupt nicht zutraf. Aufschlußreich ist aber ein Blick auf die Entwicklung der Selbstmordrate (Zahl der Fälle pro 100 000 Einwohner), die zu Recht als wichtiger Indikator für die Befindlichkeit eines Volkes gilt.

Über die alte Bundesrepublik sagt die Statistik aus, daß die Suizidrate in den letzten Jahren kontinuierlich gesunken ist. Während sie sich zum Beispiel 1955 noch auf 19,2 pro 100 000 Einwohner belief, fiel sie im Jahre 1989 mit 16,4 auf den niedrigsten Stand seit der Gründung. Im Vergleich die ehemalige DDR: 27,7 im Jahre 1955 – dann wurde die Selbstmordrate aus naheliegenden Gründen zum streng gehüteten Staatsgeheimnis – und im Jahr der Wende ein Rückgang auf 25,8. Wie man jetzt weiß, handelt es sich tatsächlich um einen aktuellen Rückgang, denn 1982, als Honecker sich auf der Höhe der Macht befand und gerade seine ersten Memoiren unter dem Titel »Aus meinem Leben« veröffentlicht hatte, legten 33,9 von 100 000 DDR-Bürgern Hand an sich.

Aber zurück zur Rate von 25,8 im Jahre 1989. Wenn man diese nach den damals noch bestehenden Bezirken aufschlüsselt, ergibt sich das erstaunliche Bild, daß beispielsweise Frankfurt an der Oder auf eine Selbstmordrate von 16,4 kommt, während die Bezirke Dresden, Leipzig und Chemnitz mit 30,6 weit an der Spitze liegen – dort, wo sie 1897 bereits Emile Durkheim ausmachte.

Nun ist das mit der Statistik ja so eine Sache, denn es darf wohl unterstellt werden, daß um die Jahrhundertwende alles getan wurde, um einen Selbstmord gegenüber der Öffentlichkeit und den Behörden zu vertuschen. Die tatsächliche Zahl der Selbstmorde wird damals also gewiß über den offiziellen Angaben gelegen haben. Zuverlässig sind dagegen eher die Relationen zwischen Völkern und Landsmannschaften. Und da verhält es sich – wie auf vielen anderen Gebieten eben auch – recht seltsam mit den Sachsen.

Jedes Volk, so vermutete einst Durkheim, zeige im Hinblick auf den Selbstmord »eine besondere Physiognomie«. Aber darauf mache man sich nun einen Vers. Der Bäckermeister und Gelegenheitsdichter Ludwig Soumagne hat es getan – aber ganz pauschal:

»Von Gott verlassen
und von allen Menschen
verspricht ein Fensterkreuz
was es hält.«

Vielleicht ist es so, daß Menschen, die besonders leidenschaftlich am Leben und an der Welt teilhaben, auch eher depressiv werden, wenn sie ihre wirklich existentiellen Angelegenheiten nicht mehr auf die Reihe bekommen. Auf jeden Fall wissen Suizidforscher davon zu berichten, daß

nicht selten die überaus Lebensfrohen und Begeisterungsfähigen durch private Kalamitäten plötzlich und unerwartet in Schwermut und Lebensüberdruß verfallen.
Diese Menschen empfinden den Kontrast zwischen dem, was war, und dem, was auf einmal ist, als so elendig, daß er sie zur letzten und nicht mehr zu bereuenden Konsequenz treibt. Und aus der Kenntnis der Tiefenpsychologie könnte man noch hinzufügen: Wenn jemand besonders sensibel auf das Schöne reagiert, bleibt ihm eine gewisse Wehmut nicht erspart.

Semperoper: Dresdens Ruf in der Welt

Der Hamburger Gottfried Semper (1803–1879) tat sich als Baumeister gleich auf zweifache Weise hervor: Der Vorstand der Bauschule und Professor an der Kunstakademie zu Dresden setzte in der Architektur neue und einzigartige Akzente und war sich zugleich auch nicht zu schade, beim Aufstand im Mai 1849 den Barrikadenbau zu leiten. Der Aufstand scheiterte bekanntlich, Semper mußte fliehen und konnte erst zum Neubau des 1869 abgebrannten Opernhauses nach Dresden zurückkehren.
Semper, das sind vor allem die italienische Renaissance in Dresden, die dem Weltbild des klassisch-humanistisch gestimmten sächsischen Bürgertums sehr entgegenkam. Semper, das sind die Villa Rosa, das Palais Oppenheim, die Gemäldegalerie, die Synagoge (die 1938 in Asche sank) und natürlich das von 1838 bis 1841 geschaffene Hoftheater. Am 13. Februar 1985, dem 40. Jahrestag der Zerstörung Dresdens, wurde das Opernhaus mit Carl Maria von Webers »Freischütz« wiedereröffnet.
Welche Triumphe wurden in diesem Haus in der Vergan-

genheit gefeiert. Hier begründete der Kapellmeister Richard Wagner seinen Ruhm: »Rienzi« (1842), »Der fliegende Holländer« (1843) und »Tannhäuser« (1845) hatten in der Semperoper ihre Premiere. Da auch er sich 1849 auf die Seite der radikalen Demokraten geschlagen hatte, mußte er, inzwischen steckbrieflich gesucht, mit Gottfried Semper Dresden verlassen und ging zunächst in die Schweiz.
Nach dem Wiederaufbau der Oper im Stil der Hochrenaissance erlebte das begeisterte Publikum Richard Strauss mit »Salome« (1905), »Elektra« (1909) und dem »Rosenkavalier« (1911).
Im Februar 1945 schien alles verloren, und so muß man denn schon Schwielen auf der Seele haben, um nicht Freude angesichts des abends im Lichterglanz erstrahlenden Opernhauses zu empfinden. Die Semperoper war und ist Dresdens guter Ruf in der Welt.

Sixtinische Madonna: Biedät

Die Sachsen – natürlich speziell die Dresdner – und ihre Madonna. Kilian Merten erzählt die folgende Geschichte: Eine englische Reisegesellschaft verweilt andächtig vor Raffaels Meisterwerk. Plötzlich sieht der aufmerksame Wächter, wie einer der Engländer diskret ein Lunchpaket aus der Tasche zieht – offenbar, um sich zu stärken. Als es keinen Zweifel mehr gibt, daß sich der Besucher über sein Vesperbrot hermachen würde, nähert sich ihm der Wächter und flüstert höflich: »Vielleicht essen Sie drüben bei Rubens, mein Herr.« Der Engländer lächelt nur unschuldig, denn er hat kein Wort verstanden. »'s is hier wechen der Biedät, wissen Se«, erläutert der Wächter. »Bei Rubens sin mer nich so gleinlich.«

Ursprünglich zierte sie den Hochaltar der Klosterkirche des heiligen Sixtus in Piacenza, bis der Sohn Augusts des Starken, Friedrich August II., sie für 20 000 Dukaten kaufte und nach Dresden brachte. Seit 1754 hängt Raffaels prominente Dame in der Gemäldegalerie Alte Meister, und für den Dresden-Besucher ist es selbstverständlich, ihr seine Reverenz zu erweisen.

Der Kunstgelehrte und Begründer der klassischen Archäologie Johann Joachim Winckelmann schreibt um 1755: »Seht die Madonna mit einem Gesichte voll Unschuld und zugleich einer mehr als weiblichen Größe, in einer selig ruhigen Stellung, in derjenigen Stille, welche die Alten in den Bildern ihrer Gottheiten herrschen ließen. Wie groß und edel ist ihr ganzer Kontur!«

Den russischen Revolutionär und Anarchisten Bakunin brachte die allgemeine Verehrung, die das Kunstwerk genoß, im Mai 1849 auf eine taktische Idee: Beim bürgerlichen Aufstand in Dresden wollte er die Sixtinische Madonna zum Schutze der Barrikaden aufhängen lassen, um die Revolution zu heiligen und die Angreifer zu entmachten. Ob er Arthur Schopenhauers Würdigung der Madonna gelesen hatte?

»Sie trägt zur Welt ihn: und er schaut entsetzt
In ihrer Greu'l chaotische Verwirrung,
In ihres Tobens wilde Raserei,
In ihres Treibens nie geheilte Torheit,
In ihrer Qualen nie gestillten Schmerz –
Entsetzt: doch strahlet Ruh und Zuversicht
Und Siegesglanz sein Aug', verkündigend
Schon der Erlösung ewige Gewißheit.«[52]

Und wie antwortete doch der Mann der Straße auf die Frage, welche sächsischen Fürsten er besonders schätze? »Friedrich August II. – der hatte nicht viel mit'm Regieren, aber dem verdanken wir ja die Madonna.«
Doch das letzte Wort soll der Kunsthistoriker und Schwiegersohn von Jean Paul haben, der seine Besprechung des Bildes mit diesen Worten begann: »Was ist nicht alles gesungen und gesagt worden von diesem Bilde, so daß es fast vermessen erscheint, noch ein Wort hinzuzufügen.«

Sorben: -itz, -witz, -litz

»Unser Land ist wirklich klein, mein Freund,
klein auch unser Volk, das sorbische, wie
ein winziges Inselchen, vom Meer umspült.
Und doch, ich glaub es fest, niemals
werden seine Wogen überfluten
unsern Erdstrich, Dörfer nicht und Höfe.
...
Glaub auch du, mein Freund: Wir bleiben Sorben!«

So heißt es in »Mein sorbisches Bekenntnis«, das der Lyriker und Sprecher der sorbischen Nationalitätenbewegung, Jakub Bart-Ćišinski aus Kuckau bei Kamenz, im Jahre 1891 ablegte.
Die Sorben, früher im Deutschen auch Wenden genannt, sind Nachfahren der slawischen Stämme der Lusizer, die in der heutigen Niederlausitz siedelten, und der Milzener, die in der heutigen Oberlausitz wohnten. Zahlreiche Ortsnamen im Sächsischen auf -in, -itz, -witz und -litz und auch einige Lehnwörter wie Gurke und Jauche gehen auf diese slawischen Volksgruppen zurück.

Im Zuge der Ostkolonisation im 10. Jahrhundert verloren beide Stämme ihre Unabhängigkeit, aber während die anderen Slawen in der deutschen Bevölkerung aufgingen, konnten die Lausitzer Sorben – seit dem Mittelalter übrigens ein reines Bauernvolk – ihre sprachliche, kulturelle und ethnische Eigenart bewahren.
Die Zahl derjenigen, die heute sorbisch sprechen, wird auf mindestens 50 000 geschätzt, fast alle beherrschen aber auch Deutsch. Viele Bräuche werden bis in unsere Tage gepflegt, und meist haben sie etwas mit Ostern zu tun. In den katholischen Dörfern der sächsischen Oberlausitz findet zum Beispiel jährlich ein großes öffentliches Spektakel, das Osterreiten, statt, eine Prozession zu Pferde von einem Kirchspiel in das benachbarte. Dort werden die geschmückten Pferde und Reiter dann bewirtet. Zu besonderen Anlässen holt man auch noch die Trachten aus den Schränken, so etwa bei Hochzeiten, Prozessionen, beim Kirchgang und natürlich zum Festival der sorbischen Kultur in Bautzen, bei der auch die Gala-Uniform der sorbischen Bergleute zu bewundern ist.
Bautzen ist eine assoziationsreiche Stadt. Bautzen, das hieß vor kurzem noch Absonderung, Isolation, Arrest, das war das »gelbe Elend« und wird es in den Köpfen der Gequälten noch lange sein. Die mittelalterliche Stadt Bautzen (Budyšin) gilt aber auch als das »sächsische Rothenburg« und ist der kulturelle Mittelpunkt der Sorben mit dem Sitz der »Domowina« (Heimatbewegung), des Instituts für sorbische Volksforschung. Durch das »Sorbengesetz« von 1948 ist das Sorbische in der jeweiligen Region als Schul- und Amtssprache anerkannt.
Es ist sicher nicht übertrieben, wenn festgestellt wird, daß die 1000jährige Geschichte Sachsens zumindest in Teilen

auch in der Kultur der Sorben gründet. Neben den Ortsnamen weisen viele mundartliche Ausdrücke in diese Richtung. Und nicht zuletzt wegen der ungebrochenen Tradition der Sorben ist die Oberlausitz für den Besucher von besonderem Reiz. Dieser östliche Teil Sachsens wurde in seiner Kunst- und Kulturgeschichte von den verschiedensten Strömungen geprägt, da sich diese über Jahrhunderte zwischen den Machtansprüchen Böhmens, Sachsens und Brandenburg-Preußens vollzog. Erst seit 1815 verblieb die Oberlausitz bei Sachsen.

Angesichts einer so lange auch unter widrigen Umständen (Kaiserreich, Drittes Reich) behaupteten Eigenständigkeit kann man nur wünschen, daß die Sorben Sorben bleiben. Und wie steht die sächsische Landesregierung zu ihrer Bevölkerungsminderheit? Staatsminister Arnold Vaats: »Die Sorben sind für meine Begriffe ein ganz wichtiges Element der sächsischen Landschaft. Aber in diesem Volk ist die Assimilationsrate größer als die Geburtenrate, und das bedeutet, die kritische Zahl ist unterschritten, und ohne Hilfe von außen existiert es vielleicht bald nicht mehr. Das halte ich für eine außerordentlich traurige Sache, denn hier geht es auch um die sächsische Urbevölkerung. Wenn ein Volk auszusterben droht, muß man etwas unternehmen, um es zu retten. Ich halte es für ganz wichtig, daß da eine Lösung gefunden wird. Ich kenne in der Literatur ein Beispiel, wo sich jemand einmal mit dem Thema eines verschwundenen Volkes auseinandergesetzt hat – und zwar mit den Pruzzen. Es ist doch traurig, wenn man ein Volk nur noch theoretisch beschreiben kann, weil es nicht mehr existiert.«

Und deshalb soll das Schlußwort zu diesem Thema Jurij Brězan haben, Sohn eines Steinbrucharbeiters und einer der namhaftesten sorbisch-deutschen Schriftsteller dieses Jahrhunderts. In »Herkunft und Standort« (Bautzen 1981) schreibt er: »... meine Mutter war zwiefach: gehetzte Magd für Vieh und Feld und Haus und Hof, und ein Tausend-Seiten-Buch mit Geschichten, fernen, fremden, unseren; die Geschichten rissen die Zeiten auf, und die Zeit war ein Fluß, ahnbar Quelle und Mündung, und Träume hatten tiefe Wurzeln.«[53]

Spitzenklöppeln: zart und kostbar

Anno 1561: Barbara Uttmann, die Ehefrau des Besitzers eines Silberbergwerkes, führt im Erzgebirge das Spitzenklöppeln ein, jene zarte und kostbare Handarbeit, die bereits im 15. Jahrhundert in Italien, Flandern und Holland als Heimarbeit geübt wurde. Sie sorgte in erstaunlichem Umfang für seine Verbreitung und konnte so die soziale Not der Region lindern helfen.
Es war jene Zeit, in der das albertinische Sachsen gerade die Kurwürde erlangt hatte und sich zu einer gesteigerten Prachtentfaltung verpflichtet fühlte. Die Wettiner und der Adel feierten das neue Selbstgefühl. Überall im Lande entstanden Schlösser, Herrenhäuser und bürgerliche Repräsentationsbauten, von denen vor allem die Rathäuser von Görlitz, Plauen, Leipzig, Altenburg und Grimma zu erwähnen sind.
Es war auch die Zeit der gewaltigen Ausweitung des Bergbaus, der Wirtschaft, des Handels – und des sozialen Gefälles zwischen den Städten und den ländlichen Regionen des Erzgebirges. Hier mußte man sehen, daß man sich mit Klöppelkissen, Klöppel und Klöppelbrief über Wasser hielt.

Dies gelang mehr schlecht als recht, aber man machte sich einen großen Namen: Noch heute werden von Kennern neben der Brügger, der flandrischen und der Vermicella-Spitze die erzgebirgische, die Schneeberger und die Annaberger Spitze als wichtigste Klöppelspitzen genannt.
Die unternehmerische und soziale Leistung von Barbara Uttmann galt weit über ihre Zeit hinaus als beispielhaft. Das Damen-Conversationslexikon würdigt sie im 19. Jahrhundert unter anderem mit folgenden Worten: »Gewöhnliche Arbeiten schützen die Frauen ja in üppigen Landstrichen kaum vor Not, um so weniger daher im sächsischen Erzgebirge, wo die Mehrzahl des Volks aus armen Bergleuten besteht, die starke Familien haben. Unter sie sandte die Vorsehung ein helfendes Wesen, die nutzende Arbeit und dadurch Unterhalt bringen sollte – unsere Barbara.«[54]

Vogtland: Schleierherren und Geigenbauer

Europa wächst zusammen, und doch ist der Vogtländer zuallererst Vogtländer, dann Sachse, danach Deutscher und zuletzt Europäer. Vor der Identifikation mit der Menschheit kommt die Liebe zur Heimat, und wer wollte den Litauern, Georgiern, Slowenen, Tibetern, Schotten oder eben den Vogtländern daraus einen Vorwurf machen. Vogtland ist der Name für eine historische Landschaft im südwestlichen Zipfel Sachsens. Es entstand um 1200 als Herrschaftsraum der Vögte von Weida und wurde 1569 als Vogtländischer Kreis dem Kurstaat Sachsen angeschlossen. Zentrum des Vogtlandes ist Plauen, im Becken der weißen Elster gelegen und erstmals zu Beginn des 12. Jahrhunderts als »vicus Plave« erwähnt – auch dies ist ein slawischer Name, der auf eine Flußaue hinweist. Plauen, das war im

18. Jahrhundert die Stadt der »Schleierherren«, der Verleger gewebter Modeartikel, und später dann der Sitz reicher Spitzenfabrikanten, die seit 1880 ihre Plauener Spitzen in die gesamte Welt exportierten.
Joachim Heinrich Campe, zeitweise Hauslehrer der Brüder Wilhelm und Alexander von Humboldt, schreibt in einem Reisebericht gegen Ende des 18. Jahrhunderts: »Auch dieser Ort gewährt – wie die meisten kursächsischen Städte – den schönsten Anblick der Betriebsamkeit, folglich auch den des Wohlstands.« Neben vielem anderen fiel Campe noch auf, daß sich das weibliche Geschlecht »durch eine gesunde und blühende Gesichtsfarbe« auszeichnete, und so ist denn bei dieser Gelegenheit anzumerken, daß das Vogtland auch wegen seiner Heilquellen (zum Beispiel das Radonbad Brambach und Bad Elster) seine Zukunft gewiß noch nicht hinter sich hat.
Als zweitgrößte Stadt des Voglandes wäre die alte Tuchhändlerstadt Reichenbach zu erwähnen, die sich seit dem 19. Jahrhundert durch ihre Spinnereien, Webereien und Färbereien einen Namen gemacht hat, und dann ist da noch das auf die Teppichherstellung spezialisierte Oelsnitz – ebenfalls auf ein slawisches Dorf zurückgehend – mit den Resten der Burg Voigstberg, einer Anlage aus der Kolonisationszeit des 13. Jahrhunderts.
Natürlich hat das Vogtland seine besondere Mundart – nur hier heißt die Gießkanne »Sprengstütze« und das Schlachtfest »Krummbein« beziehungsweise »Krammbaa« (offenbar nach dem krummen Holz benannt, an dem das geschlachtete Schwein aufgehängt wird) – und natürlich gibt es eine eigene Volksmusik und besondere Volkstänze. Überhaupt wird den Vogtländern eine ausgeprägte Liebe zur Musik nachgesagt, wohl zurückgehend auf die nord-

böhmischen Glaubensflüchtlinge, die sich 1677 in Markneukirchen niederließen. Von diesen Exilanten (unter ihnen hervorragende Geigenbauer) kamen die entscheidenden Impulse zur Musikinstrumentenherstellung, die die Wirtschafts- und Kulturgeschichte der Region entscheidend prägte. Auf diesem Hintergrund wurde Klingenthal zum Zentrum der deutschen Harmonikaherstellung.
Das Vogtland ist übrigens alles andere als ein entlegener Winkel. Der imposante Anblick der bis heute genutzten Göltschtal-Eisenbahnbrücke von 1841 läßt ahnen, daß man sich in einem traditionell wichtigen Verkehrsdurchgangsgebiet befindet, das nun, nach der Wende, auch dieser Funktion wieder voll gerecht werden kann.

Wein: das Kellerkind aus dem Elbtal

Die Lößnitz – dieser Name bezeichnet einen fünf Kilometer langen Streifen des Elbtals unterhalb Dresdens, der klimatisch besonders begünstigt ist. Die Durchschnittstemperatur beträgt im Juli 18,6 Grad Celsius und liegt damit sogar ein wenig über der im Maintal – hinzu kommt gelegentlich noch ein durch die vom Erzgebirge absteigenden Winde ausgelöster Föhneffekt.
In dieser von der Natur besonders bevorzugten Landschaft – man spricht auch von der Elbtalwanne – wird noch heute auf kleinen, zerklüfteten »Klimainseln« Wein angebaut. Und wer von Dresden-Loschwitz aus mit der ältesten Schwebeseilbahn der Welt (1891) auf die Loschwitzer Höhen fährt, schwebt über ehemalige Weinberge hinweg. In einem der Loschwitzer Weinberge, im Gartenhäuschen des Oberkonsistorialrats Körner, erlebte Friedrich Schiller eine besonders glückliche Schaffenszeit.

Auch an der mittleren Saale wird Weinbau betrieben, der bis in das 8. Jahrhundert zurückreicht und um 1500 seine größte Bedeutung erlangte. Mit der Auflösung der Klöster und dem Auftreten von Rebkrankheiten im 19. Jahrhundert ging die Anbaufläche stark zurück, aber noch immer findet alljährlich in Freyburg ein traditionelles Winzerfest statt.
Der Geschmack des Weines aus dem Elbtal wird vom roten Granitgestein bestimmt und gibt von seiner Qualität her einen hinreichenden Grund zum Feiern ab. Friedrich von Hardenberg, genannt Novalis, der als Salinen-Assessor in Freiberg lebte, hat ihn jedenfalls in seinem Gedicht »Zur Weinlese – 5. Oktober 1799« gelobt[55]:

»Der alte Stock wird blühn und wachsen,
Wenn man den Überfluß ihm nimmt
Und überall im Lande Sachsen
Sein Wein auf guten Tischen schwimmt.«

Und wer pflückte die Trauben? Auch das kann man bei Novalis erfahren:

»Ich lobe mir die braven Wenden,
Sie langen zu und sind nicht faul,
Sie stecken gern mit beiden Händen
Die blauen Trauben in das Maul.«

»Unser Produkt«, sagt Günter Rühle, Geschäftsleiter des neugegründeten Weinbauverbandes Sachsen, »ist eine rare Exklusivität. Es wird auch künftig seine Liebhaber finden.« Für den Westen gibt es also noch etwas Neues zu entdecken – nämlich Lagen wie »Goldener Wagen«, »Proschwitzer Katzenberg« oder »Höhnstedter Kellerberg«.

Zwinger: »berückende Vision«

Ihren Namen hat die Anlage von einer Bastion der Stadtbefestigung, wo zwischen äußerer und innerer Mauer wilde Tiere umherliefen. Erbaut wurde der Dresdner Zwinger – zweifellos einer der Höhepunkte der europäischen Architektur – im Auftrage und nach den Ideen Augusts des Starken von dem Westfalen Matthäus Daniel Pöppelmann und dem bayerischen Bildhauer Balthasar Permoser. Von 1711 bis 1722 arbeitete man an diesem »Festsaal im Freien« (116 Meter Länge und 107 Meter Breite), der von barocken Torpavillons und Galerien in kostbarster Weise eingefaßt wurde.

Im Südwesten sieht man das berühmte Kronentor, auf dessen geschwungener Kuppel sich vier Adler befinden, die die polnische Königskrone tragen – jene Krone, an der die sächsischen Kurfürsten so wenig Freude hatten.

Im Nordwesten imponiert der Wallpavillon, der als eine der schönsten Schöpfungen Pöppelmanns gilt, und im Südosten der Glockenspielpavillon, dessen Glockenspiel selbstverständlich aus Meißner Porzellanglocken besteht. Und da gerade von Porzellan die Rede ist: Zwischen Glockenspielpavillon und Kronentor befindet sich die zweitgrößte Porzellansammlung der Welt (nach Istanbul) – unter anderem mit dem berühmten Schwanenservice, das von dem seit 1730 an der Meissener Manufaktur als Porzellan-Formgestalter tätigen Johann Joachim Kaendler stammt. Das Schwanenservice markiert den Höhepunkt seines künstlerischen Schaffens und zugleich die berühmteste Epoche der Manufaktur.

Das Juwel europäischer Barockarchitektur wurde im Krieg schwer beschädigt und bis 1956, zum Teil unter Leitung von Hubert Ermisch, wieder aufgebaut. Das war gewiß eine große Leistung, und so gelten denn heute glücklicherweise wieder die Worte von Ricarda Huch: »Der von Daniel Pöppelmann geschaffene Zwinger, eine der berückendsten Visionen der Barockphantasie, sieht aus, als habe der Zauber von Aladins Wunderlampe ihn über Nacht aus der Erde wachsen lassen.«

Aber wer zum ersten Mal nach Dresden kommt und dort den Zwinger besichtigt, wird gewiß auch auf den Neumarkt gehen und dort die Ruinen der Frauenkirche als Geschichtserfahrung nachholen. Und so hat man neben der »berückenden Vision« noch ein berührendes Beispiel für etwas, was nicht sein darf und hoffentlich niemals mehr sein wird.

Allerlei Sächsisch: Huck-auf-die-Magd und Moohdschegiebchen

Eine der vielen Thesen, mit denen man den Prestigeverlust der sächsischen Mundart zu begründen suchte, lautet: Das im 19. Jahrhundert aus Böhmen eingewanderte Küchenpersonal hat die Sprache herabgezogen. Doch während darüber gestritten werden kann, gibt es sicher keinen Zweifel, daß unten, wo das Leben konkret ist, die hochsprachliche Norm nicht immer optimal greift. Oder anders: Wer als Muttersprache einen Dialekt beherrscht, vermag so manches auszudrücken, was in der Hochsprache nicht sagbar ist.
Aber bei allem Interesse für dialektale Eigenarten kann man die Entwicklung nicht zurückdrehen. Also – was soll die Beschäftigung mit den sprachlichen Altertümern der Sachsen? Dr. Gunter Bergmann, Leiter der Arbeitsstelle »Wörterbuch der obersächsischen Mundarten«, schreibt: »Wir wollen sie aus ihrer Zeit heraus begreifen, uns an ihrer Schönheit erfreuen und sie als einen Schlüssel zu unserem Selbstverständnis anwenden.«
Das Ergebnis seiner Chronistenarbeit ist ein »Kleines sächsisches Wörterbuch«[56], das zum vergnüglichen Schmökern einlädt. In Anlehnung an diesen unermüdlichen Sammler werden einige Wörter vorgestellt, die man in ihrer Summe durchaus als Gedächtnis der Sachsen verstehen kann.

Und was »Huck-auf-die-Magd« bedeutet, wird nicht verraten? Gemeint ist damit ein Blütenstrauch von verführerischem Duft, der Flieder. Huckuffdemahd – so muß das natürlich richtig heißen.

Äber (Erdäppeln, Erdbirnen)

Wer weiß das schon: Sachsen ist für das gesamte deutsche Gebiet das Mutterland der Kartoffel. Im ausgehenden 17. Jahrhundert aß man im Vogtland bereits Pellkartoffeln – und zwar lange bevor Friedrich der Große den Kartoffelanbau in Pommern und Schlesien befahl.

Bärscheln

»Die Sachsen als Nation betrachtet, sind, obwohl meist von den Serben (Sorbenwenden) abstammend, dennoch im allgemeinen nach Sprache, Sitte und Kleidung Deutsche.« Das schrieb der Geograph Christian Albert Schiffner im Jahre 1837 – hundert Jahre später hätte er mit dieser Äußerung Schwierigkeiten bekommen. Was heißt hier »abstammend« und »im allgemeinen«? Nun – auf jeden Fall gehen viele mundartliche Vokabeln auf das Sorbische zurück. Bärscheln steht für »sich wichtig machen, angeben« – auf niedersorbisch sagt man »persys« und meint damit »prahlen«.

Bemme

Das ist der absolute Klassiker im Sächsischen: zwei beschmierte und zusammengeklappte Scheiben Brot. Zur Etymologie dieses Wortes gibt es eine reichhaltige Literatur, aber vieles spricht dafür, daß der Ursprung in Holland liegt: »Boterhammen« wird dort die Schnitte Brot mit Butter genannt, und in den rheinischen Dialekten wurde daraus eine Bamme. Und die haben Siedler im Zuge der Landnahme später dann mit nach Sachsen gebracht.

Boßeln

1498 wurde der sächsische Herzog Albrecht der Beherzte Erbstatthalter von Friesland. Er muß seine neue Aufgabe ernst genommen haben, denn zwei Jahre später starb er nicht in seinem Geburtsort Grimma, sondern in Emden. Boßeln steht jedenfalls für »rollen, kullern«, und das erinnert doch sehr an ein Wurfspiel gleichen Namens, das in Oldenburg und Ostfriesland auf glatter Straße oder auf dem Eis gespielt wird.

Duhse(mang)

Versailles und Ludwig XIV. – in diese Richtung gingen die Träume vieler Territorialfürsten. Während Voltaire in Preußen zu Gast war und das Französische zu Potsdam in Blüte stand, machte man in Sachsen wenigstens »ganz duhsemang de Diere zu«. Und wer auf der Höhe jener Zeit sein wollte, sprach zu gegebenem Anlaß: »'s räächent ganz duhse.«

Escha

Das kann doch nicht sein! Das ist doch nicht möglich! In diesem Ausspruch zeigt sich ein wesentliches Merkmal des Sachsen: Er kann sich noch wundern – aber bejahend. Eh – ja! Steht ganz oben auf der Hitliste.

Fleischergang

»Das war e Flaaschergang, bei dan' war niemand derham.« Der Fleischergang bezeichnet einen Weg, den man umsonst gegangen ist. Gebräuchlich im Erzgebirge und im Vogtland, also dort, wo man früher besonders tapfer gegen die Armut zu kämpfen hatte.

Habchen-und-Babchen

»Mei bissel Habchen-un-Babchen hab'ch damals verlorn.« Von Erich Kästner über Peter von Zahn bis zu den Kessler-Zwillingen – über eine Million Sachsen haben nach dem Krieg »nach drieben gemacht« und dabei meist ihr Hab und Gut verloren.

Hetsche

Steht im Vogtland und Erzgebirge für »Wiege«. Das passende Verb gibt es auch dazu: hetschen. Offenbar spricht so mancher hin und wieder »säggssch«, ohne davon eine Ahnung zu haben.

Himmelgiekchen

Wird im Durchschnitt etwa 4,5 Millimeter lang und imponiert in einer Vielfalt von zirka 4250 Arten. Die Biologen sprechen von der Coccinellidae – andere vom Marienkäferchen, und das klingt schon liebenswerter. Aber Moohdschegiebchen, Himmelmötschchen, Himmelmiezel, Himmelkühchen oder Sommermätzlein dürfte vielen Kindern ganz gewiß noch besser gefallen.

Hinte

»Kimmste hinte ze uns?« Im Zweifelsfall ist das eine Einladung zum Abendbrot. Althochdeutsch hieß das »Hiu nahtu« – also »in dieser Nacht, an diesem Abend«.

Kuhbläke

Das Teil kann manchmal in eigentümlich stellvertretender Weise für das Ganze stehen. Der Takt einer Sinfonie, die wenigen Striche einer Karikatur, ein gewisser Duft – das »Pars-pro-toto-Prinzip« vermag ein komplexes Erlebnis recht unmittelbar ins Bewußtsein zu bringen. Auch in diesem Falle: »Off die Kuhbläke zieh'ch nich.«

Lusche

»Unsere Regierung sitzt jetzt zwar in Bonn«, bemerkte kürzlich einer, »aber dafür haben wir das internationale Skatgericht wieder.« Sieben »helle« Sachsen klären in der alten Hauptstadt von Sachsen-Altenburg (bis 1918) offenbar immer noch auftretende Regelstreitigkeiten, an dem Ort also, an dem zwischen 1810 und 1818 das Nationalspiel der Deutschen erdacht wurde und eine berühmte Spielkartenfabrik (nebst Museum) ansässig ist.
»Im Skat laachen zwee Luschen.« Wieder eine sächsische Vokabel, die alle Dialektgrenzen spielend überwunden hat. Lusche heißt aber nicht nur die Spielkarte ohne Zählwert, sondern auch die Hündin.

Mären

»Ween de so märscht, werste nie fertsch!« Herummären – also bummeln, trödeln – ist nicht des Sachsen Art. Wenn einer gar nicht »zu Potte« kommt, entfährt ihm deshalb schon mal der Stoßzeufzer: »Mache keene solche lange Märde!«

Preußsch

»Na – ihr seid woh widder mah preußsch mitenanner?« Alles klar – es hat Zoff gegeben.

Schälchen

»Ich bin ein Sachse, kennt Ihr mein Getränke?
E Schälchen Heeßer, das ist mein Plaisir.«
Früher war es Brauch, den Kaffee, wenn er zu heiß war, aus der Obertasse in die Untertasse zu gießen und ihn so ein bißchen abzukühlen. Wer sich's leisten konnte, aß dazu »Dorde« oder »Gwargguchen«.

Schamster(ich)

An diesem Wort wird deutlich, daß sich die Sachsen früher häufig mit den Österreichern eingelassen haben. Es steht für »Liebhaber, Liebster« und ist von »Gehorsamter« (österr. Diener) abgeleitet.

Schwellenhupfer

Mehr war in schlechten Zeiten oft nicht drin: ein Essen, das nur für kurze Zeit sättigte – kaum war man über die Türschwelle, hatte man schon wieder Hunger.

Striezel

»De besten Striezel gab's off 'n Dresdner Striezelmarchte.« Gemeint ist die Stolle (der Stollen), jener schwere Hefekuchen mit Korinthen, Rosinen, Mandeln, Zitronat und Orangeat.

Ticksch, tickschen

»Helle, heeflich, aber nich heemtiksch« – so überschrieb Marlies Menge einmal einen lesenswerten Beitrag für das »Zeit-Magazin« über das »Staatsvolk« der ehemaligen DDR. Aber hier ging es wohl mehr darum, einen Stabreim als Headline zu plazieren. Denn »heemtiksch« sind die Sachsen sowenig wie andere auch – doch »ticksch« sind sie bisweilen schon, etwa, wenn ihnen etwas nicht in den Kram paßt. Sie nehmen, heißt es, »leichte was iebel un tun dann lange tickschen«. Vielleicht sind sie in dieser Hinsicht durch ihre Geschichte geprägt, denn die lieferte jede Menge Gründe, mit sich, dem Schicksal und den Nachbarn zu hadern. Man hört die Anlehnung an den Dickkopf heraus, der nicht über seinen Schatten springen kann.

Vogelhochzeit

Nach einer alten sorbischen Sage hat sich am 25. Januar der Rabe mit der Elster vermählt. Heute bekommen die Kinder in der Lausitz an diesem Tag Süßigkeiten von den Vögeln ins Fenster gelegt – als Dank fürs Füttern.

Zutsch

Diszipliniert wie ein Preuße, stolz wie ein Spanier, galant wie ein Franzose und geizig wie ein ... – nein, die Sachsen hängen dem Schotten eine ganz andere Eigenschaft an: »Da mach mer keen' großen Zutsch!« Und das heißt, daß man kein Aufhebens machen möchte. Ob der Schotte wirklich dazu neigt, Umstände zu machen, muß unbeantwortet bleiben – wer aber seine Sachsen kennt, weiß, daß genau hier manchmal ihre Schwäche liegt. »Se wärn entschuldchen!«

Anhang

Test: Haben Sie Sachs-Appeal?

1. Ein Sachse erblickt in der Ferne das erste Mal in seinem Leben die Alpen. Wie reagiert er:

   (a) »Igloowe, srähjnd!«
   (b) »Guggemada! Die Dährme!«
   (c) »Najezwärzawwerdichdchhichlich!«
   (d) »Ginder, Dankward! Wosn mein Gwargguhchn?«

2. Die Leipzigerin Lene Voigt, von ihren Verehrern »unsere liebe Lene« genannt, hat sich auf ihre Weise die »Glassiger« vorgenommen. Welche der folgenden Balladen ist von J. W. von Goethe?

   (a) Los, Gesälln, 's hat siem geschlagen!
   Schäärt eich an de Arbeet ran!
   Zwälfmal mußmrsch eich ärscht sagen
   Un dann fangtr noch nich an.
   Unsereener mährt vorm Ofen
   Schon 'ne Värtelschtunde rum,
   Eich nadierlich is vom Schwoofen
   Gästern noch dr Nischel dumm.

   (b) Heite bin ich mal alleene
   Un dr Meester iwer Land.
   Ei härrjehses, das wärd scheene:
   Jetz dud zauwern meine Hand!
   Nun gomm här, du alder Bäsen,
   Riehr dich flink un socke los!
   Ich bin ooch ä heeres Wäsen,
   Nich etwa dr Meester bloß.

(c) Es war mal ä gans gemeener Dyrann,
Där schnauzte bloß egal de Underdan' an.
Die mußten sich schinden bei schbärlichen Habben –
Un dorften drzu rächt viel Schteiern berabben.

(d) »Wär hat de Gurasche un hubbt mal ins Määr?«
So fragt, als wänn das bloß ä Ginderschbiel wär',
Dr Geenich sein Ridderschaftshaufen.
»Ich fagge ä echtgoldnes Däbbchen jetz nunder,
Un wär mir das widderbringt frehlich un munder,
Där därf ooch sei Lähm lang draus saufen.«

3. Wie heißt bei den Sachsen der dünnste Kaffee?

(a) Blempe
(b) Bliemchengaffee
(c) Schwerter-Gaffee
(d) Ditschgaffee

4. Das Obersächsische ist nicht nur an seiner Sprachmelodie zu erkennen, sondern auch daran, daß

(a) die stimmhaften Verschlußlaute (b, d, g) zu stimmlosen (p, t, k) werden;
(b) die Hinterzungenvokale (ö, ü) entrundet werden (e, i);
(c) vor n nasaliert wird;
(d) u zu ü gewandelt wird.

5. Der »diebsche« Sachse verrät sich durch den Ausspruch:

(a) Oih!
(b) Naguggemada!
(c) Nebbich!
(d) Ach, wie ich mich frai!

6. Beschnarchen steht für:

(a) untersuchen
(b) ausschlafen
(c) versäumen
(d) überschlafen

7. 1710 wurde die Porzellanmanufaktur Meißen auf der Albrechtsburg gegründet. Wie viele historische Rezepturen lagern im Farblabor der Manufaktur – »top secret«?

(a) 2000
(b) 10 000
(c) 5000
(d) 7000

8. Griemlgähse steht für:
(a) Spezialität aus Grimma
(b) Bagatelle
(c) Unsinn
(d) Ärgernis

9. »Se wärn entschuldchen« ist ursächsisch und signalisiert dem Kenner:

(a) erlesene Höflichkeit
(b) selbstverspottende Dämlichkeit
(c) zielbewußte Härte
(d) eine krumme Tour

10. Wieviel Prozent aller Strümpfe der Welt kamen Ende des 19. Jahrhunderts aus Sachsen?

(a) 40 Prozent
(b) 55 Prozent
(c) 75 Prozent
(d) 90 Prozent

11. »Fichilanz« ist eine typisch sächsische Eigenschaft. Darunter versteht man eine Mischung aus:

(a) Cleverneß und Wortgewandtheit
(b) Anpassungsfähigkeit und Bauernschläue
(c) Rührigkeit und Intelligenz
(d) Gemütlichkeit und Humor

12. Ein Engländer, berichtet der Sachse, habe während der Bahnfahrt die Füße auf seine Knie gelegt. »Warum ham Se denn nischt gesaacht?« Antwort nach Sachsenart:

(a) Mir sin äbn heeflich!
(b) Das war gee Gleener!
(c) Nu – was soll man da schon saachen?
(d) Nu – ich gann doch gee Englisch!

13. Zum echten Leipziger Allerlei gehören auch:

(a) Trüffel
(b) Krebse
(c) Schwarzwurzeln
(d) Gurken

14. Wo man sich denn am 3. Oktober (1990) getroffen habe, wurde der Landesbeauftragte für Sachsen, Rudolf Krause, kurz nach der Wiedervereinigung gefragt. Die Antwort: »Natürlich in Meißen« – an der Albrechtsburg. – Warum?

(a) Burgen bürgen für hehre Gefühle.
(b) Das sächsische Herz ist eben wie Porzellan.
(c) Die Burg war Sitz von Albrecht dem Beherzten, dem Stifter der albertinischen Linie des Hauses Wettin.
(d) Hier wurde Albrecht der Beherzte 1498 Erbstatthalter von Friesland.

15. Bei der ersten Reichstagswahl nach der Jahrhundertwende fielen an die Sozialdemokraten von 23 Wahlkreisen:

(a) 12
(b) 16
(c) 20
(d) 22

16. »Aus Sachsen! Ei, ei, aus Sachsen, gnädiges Fräulein? aus Sachsen? . . . Das liebe Sachsen!« Wo steht's?

(a) Hebbel: Maria Magdalena

(b) Lessing: Minna von Barnhelm
(c) Fontane: Effi Briest
(d) Goethe: Hermann und Dorothea

17. Wer folgte seinerzeit dem Ruf eines kleinen sächsischen Territorialfürsten nach Weimar – vertrauend auf dessen Format und menschliche Größe?

(a) Goethe, Nietzsche, Wagner, Schumann
(b) Goethe, Novalis, Adam Riese, Schiller
(c) Goethe, Beckmann, Bach, Schiller
(d) Goethe, Schiller, Herder, Wieland

18. Eine große deutsche Publikumszeitschrift veröffentlichte kürzlich eine neue »In-Out«-Liste. Besonders »in« sind:

(a) Heimwerkermärkte, Aldi, Egon Bahr
(b) Schloß Sanssouci, Aldi, Zonenrandförderung
(c) Christa Wolf, Aldi, Genscher
(d) Aldi, VW-Hahn, Sächsisch

19. Der Sachse Hans Reimann über sich und die Sachsen: Es bereitet uns wahre Wonnen,

(a) helle zu sein;
(b) Tacheles zu reden;
(c) gekränkt, beleidigt, beese zu sein;
(d) zu theoretisieren.

20. Wie lautet der »Leitspruch« der Sachsen (auf hochdeutsch):

(a) Wir sind wir!

(b) Uns kann keiner!
(c) Wir sind wie Vitriol!
(d) Schaffen!

Auflösung

1. c	6. a	11. c	16. b
2. b	7. b	12. d	17. d
3. c	8. b	13. b	18. d
4. b	9. c	14. c	19. c
5. b	10. d	15. d	20. c

Interpretation der Trefferquote

0–5 Punkte:

Ihre rhetorische Grundausstattung entspricht nicht der Höhe der Zeit. Der Apostel Paulus wird für Sie zur diebischen Persönlichkeit, obwohl doch von einer typischen die Rede ist. Kurz: Ein Dialog mit Sachsen wird so ergiebig wie der unter Schwerhörigen. Auch sonst bleibt für Sie die geschichtliche Sendung dieses Stammes unzugänglich. Und deshalb sollte Ihnen auf jeden Fall verboten werden, Sachsenwitze zu erzählen.

6–10 Punkte:

Es sind ermutigende Ansätze erkennbar, aber noch haben Sie den mentalen Zugang zu den Elbgermanen nicht gefunden. Die Gefahr, Mißverständnisse heraufzubeschwören, ist immens. Bitte bedenken Sie: Das Wörtchen »Dohm« bedeutet nicht nur Dom, sondern auch »Daumen«, »toben« und »da oben«. Und Dankward ist nicht nur ein germanischer Name, sondern auch eine Berufsbezeichnung.

11–15 Punkte:

Sie beherrschen zwischen Elbe, Saale und Erzgebirge bereits die Kunst der gehobenen Konversation. Sie schätzen rhetorische Umwege und versuchen, alles und alle in Frieden beieinanderzuhalten. Ganz nach dem dunklen Goethe-Wort:

»Wie fruchtbar ist der gleensde Greis,
Wenn man ihn wohl zu pflegen weiß.«

16–20 Punkte:

Eigentlich müßte es Ihnen selbst schon aufgefallen sein: Wenn nicht alles nach Ihrem Kopf geht, schieben Sie das Kinn vor, bis die Unterlippe baumelt, und gucken daneben. Dann aber sind Sie rasch wieder gut. Wenigstens scheinbar. Denn nachtragend (Se wärn entschuldchen!) sind Sie auch.
Als Sachsenkenner lassen Sie sich auf diesen psychodiagnostischen Befund freilich überhaupt nicht ein und wissen längst, wer hier mal wieder Vorurteile unter die Leute bringt: Es ist ganz bestimmt der nördliche Nachbar mit der schnarrenden Aussprache.

Historische Orientierung

Deutsche Geschichte ist vor allem preußische Geschichte. So jedenfalls sah es lange Zeit die Zunft der Historiker, und dabei ging der Blick wohl ein wenig dafür verloren, daß die sächsische Geschichte mehr als das Auf und Ab einer Dynastie ist, sondern daß sie zeitweise durchaus europäischen Rang gewann. Vor allem als Kulturgeschichte.

928 König Heinrich I. läßt an der Elbe als Stützpunkt gegen die Slawen die Burg Meißen bauen. Sie wird Sitz des vom König eingesetzten Markgrafen.

1089 Dem ersten Wettiner, Heinrich von Eilenburg, wird vom König die Markgrafenwürde übertragen. Von nun an regieren sie 829 Jahre als Markgrafen, Herzöge, Kurfürsten und Könige das Land (Fürstenzug in Dresden).

1168 Beginn des Silberbergbaus in Freiberg.

1409 In Leipzig wird die »Alma Mater Lipsiensis« gegründet, die die Stadt zum geistigen Mittelpunkt Sachsens werden läßt.

1423 Die Kurwürde (insgesamt sieben Kurfürsten des alten Reiches durften den Kaiser wählen) geht an den Markgrafen von Meißen (Haus Wettin), da der letzte sächsisch-askanische Kurfürst ohne Nachfolger stirbt.

1485 Leipziger Teilung: Die Söhne Friedrichs des Sanftmütigen, Ernst und Albrecht, teilen ihr Erbe auf. Es entstehen das Ernestinische Kursachsen (u. a. Thüringen, Kurkreis um Wittenberg und das Vogtland) und das Albertinische Herzogtum Sachsen, aus dem später das Königreich und dann der Freistaat Sachsen hervorgehen.

1500 Die Wettiner Lande (albertinische und ernestinische Linie) gelten als die wohlhabendsten im ganzen Reich.

1502 Gründung der Universität zu Wittenberg durch Friedrich den Weisen.

1517 Martin Luther schlägt 95 Thesen gegen den Mißbrauch des Ablasses an die Schloßkirche zu Wittenberg, das im ernestinischen Kursachsen liegt.

1519 Disputation Luthers gegen Dr. Eck in Leipzig (Bruch mit Rom).

1521 Luther wird in die Acht erklärt und vom sächsischen Kurfürsten Friedrich dem Weisen (ernestinische Linie der Wettiner) auf die Wartburg gerettet.

1547 Moritz von Sachsen erwirbt als Ergebnis des Schmalkaldischen Krieges die Kurwürde für die Albertiner und vergrößert das Land auf Kosten der Ernestiner. Von nun an liegt der Schwerpunkt der wettinischen Länder bis 1918 in Dresden.

1617 Heinrich Schütz, der bedeutendste Musiker seiner Zeit, tritt in sächsische Dienste.

1618 Beginn des 30jährigen Krieges. Sachsen schwankt ständig zwischen der katholischen Liga und der protestantischen Union. Bis 1648 bleibt das geplagte Land Schauplatz heftiger Kämpfe zwischen den kaiserlichen Truppen und dem schwedischen Heer (Schlacht bei Lützen 1632). Die Bevölkerung wird um ein Drittel dezimiert.

1640 Regierungsantritt von Friedrich Wilhelm von Brandenburg, dem Großen Kurfürsten (bis 1688). Er legt den Grundstein zum Aufstieg des brandenburgisch-preußischen Staates, der Sachsens geopolitische Lage zunehmend schwieriger macht.

1640 In Sachsen entsteht die erste Gesellschaft zur Pflege der deutschen Sprache, der »Palmenorden«.

1694 Der Tod des älteren Bruders bringt Kurfürst Friedrich August I. an die Regierung (bis 1733), der wegen seiner Körperkräfte August der Starke genannt wurde.

1697 August der Starke wird als August II. zum König von Polen gekrönt.

1701 Preußen wird Königreich (Sachsen erst 1806 durch Napoleon).

1710 Gründung der Porzellanmanufaktur in Meißen durch August den Starken.

1723 Johann Sebastian Bach, der größte Vertreter der Barockmusik, wird in Leipzig als Thomaskantor bestellt. Er bleibt 27 Jahre.

1733 Auf August den Starken folgt Kurfürst Friedrich August II., als König von Polen heißt er August III. (Brühl wird sein Premierminister).

1740 Beginn des Ersten Schlesischen Krieges und damit des Kampfes Preußens und Österreichs um die Hegemonie in Deutschland. Friedrich der Große erhält 1742 fast ganz Schlesien.

1744 Beginn des Zweiten Schlesischen Krieges. Friedrich rückt durch Sachsen in Böhmen ein und erobert vorübergehend Prag. Im Frieden von Dresden (1945) behält Friedrich der Große Schlesien.

1756 Friedrich fällt überraschend in Sachsen ein: Der Dritte Schlesische Krieg (Siebenjähriger Krieg) beginnt. Friedrich gewinnt gegen eine übermächtige

Koalition, zu der auch Sachsen gehört, und plündert das Land aus.

1758 Beginn der Regentschaft von Herzog Karl August von Sachsen-Weimar-Eisenach, das bis 1815 zum Kurfürstentum Sachsen gehört. Die Freundschaft mit Goethe macht Weimar zum Mittelpunkt des deutschen Geisteslebens. Herder und Schiller werden nach Weimar berufen. Die Universität Jena erlangt große Bedeutung.

1765 Gründung der ältesten Bergbau-Akademie der Welt in Freiberg.

1778 In Leipzig wird das erste deutsche Taubstummeninstitut errichtet.

1782 In Chemnitz wird die erste Spinnmaschine für Strümpfe aufgestellt.

1806 Bündnis des Kurfürsten Friedrich August III. (der bisher auf der Seite Preußens stand) mit Napoleon nach der preußischen Niederlage bei Jena und Auerstedt. Sachsen tritt dem Rheinbund (Napoleon Protektor) bei und wird dafür Königreich (Friedrich August I.).

1813 Völkerschlacht bei Leipzig am 16., 18. und 19. Oktober (Erstürmung von Leipzig). Die Sachsen gehen während der Schlacht zu den Verbündeten über. Niederlage und Rückzug Napoleons nach Frankreich.

1815 Sachsen muß auf dem Wiener Kongreß mehr als die Hälfte seines Gebietes an Preußen abtreten.

1817 Carl Maria von Weber wird Chef der deutschen Oper in Dresden.

1835 Felix Mendelssohn-Bartholdy kommt nach Leipzig (gründet u. a. das berühmte Konservatorium).

1837 Erste deutsche Ferneisenbahn Leipzig–Dresden (Nürnberg–Fürth: 1835).

1845 Die Gebrüder Schönherr konstruieren in Chemnitz den ersten mechanischen Webstuhl (enormer Aufschwung der Strumpfindustrie).

1849 Demokratischer Volksaufstand in Dresden, der viele Opfer fordert, als er mit Preußens Hilfe niedergeschlagen wird. Semper und Wagner müssen fliehen.

1863 Ferdinand Lassalle gründet in Leipzig den »Allgemeinen Deutschen Arbeiterverein« (ein Vorgänger der SPD).

1866 Sachsen verliert im deutschen Krieg auf der Seite der Österreicher. Verständigungsfrieden ohne Annexionen, aber Auflösung des Deutschen Bundes und Gründung des Norddeutschen Bundes (ohne Österreich), dem auch das Königreich Sachsen beitritt. Teile des Landes bleiben allerdings bis 1871 von Preußen besetzt. Letztlich verdankt Sachsen dem standhaften Eintreten Frankreichs und Österreichs die Fortdauer seiner Existenz.

1871 Das Königreich Sachsen tritt dem in Versailles gegründeten Deutschen Reich bei. Leipzig wird Sitz des Reichsgerichts.

Das Königreich stellt mit dem ehemaligen Drechslergesellen August Bebel den vorerst einzigen sozialdemokratischen Abgeordneten im ersten deutschen Reichstag.

1895 58 Prozent der arbeitenden Bevölkerung verdienen in Sachsen ihren Lebensunterhalt in der Industrie.

1903 Die Sozialdemokratie erringt bei den Reichstagswahlen 22 von 23 Wahlkreisen (unter König Albert wird Sachsen zum »Roten Königreich«).

1918 Nach der Novemberrevolution verzichtet König Friedrich August III. auf den Thron. Nach 829 Jahren geht die Herrschaft der Dynastie der Wettiner zu Ende.

1920 Eine parlamentarisch-demokratische Verfassung tritt in Kraft.

1934 Das Land wird unter dem Reichsstatthalter Mutschmann mit der nationalsozialistischen Regierung gleichgeschaltet.

1952 In der ehemaligen DDR werden die bisherigen fünf Länder in 14 Bezirke aufgeteilt. An der Stelle Sachsens gibt es jetzt die Bezirke Dresden, Chemnitz (seit 1953 Karl-Marx-Stadt) und Leipzig. Jahrhunderte gewachsene Strukturen sollten zerstört werden.

1990 Sachsen wird unter Ministerpräsident Kurt Biedenkopf wieder Freistaat.

Anmerkungen

1 dtv-Atlas zur deutschen Sprache, München 1978
2 Johann Wolfgang von Goethe: Aus meinem Leben. Dichtung und Wahrheit, Berlin und Weimar 1968
3 Aus: Blankeneser Klönschnack Nr. 6, 1983
4 Hans Reimann: Oswin, der ertrunkene Hering, Hanau 1986
5 Aus: Hans-Peter Lühr und Hasso Mager (Hrsg.): Sachsen im Herzen. Literarische Streifzüge durch die Landschaft zwischen Erzgebirge und Elbe, Husum 1989
6 Hans Reimann: a. a. O.
7 Erich Kästner: Gesammelte Schriften für Erwachsene, Zürich 1969
8 Aus: Frankfurter Allgemeine Zeitung Nr. 209, 1990
9 Heinrich von Kleist: Sämtliche Werke und Briefe, Bd. 2, Darmstadt 1962
10 Erich Loest: Völkerschlachtdenkmal, Künzelsau und Leipzig 1984
11 Gerhart Herrmann Mostar: Weltgeschichte höchst privat, Berlin–Wien 1990
12 Erich Kästner: Als ich ein kleiner Junge war, Berlin 1978
13 Aus: Herbert Schöffler: Kleine Geographie des deutschen Witzes, Göttingen 1984
14 Aus: Hans-Peter Lühr und Hasso Mager (Hrsg.): a. a. O.
15 Wolfgang Schneider (Hrsg.): Leipziger Demontagebuch, Leipzig und Weimar 1990
16 Herbert Schöffler: a. a. O.
17 a. a. O.
18 Aus: Das Magazin, Heft 1, Berlin 1981
19 Gerd-Klaus Kaltenbrunner (Hrsg.): Was ist deutsch? Die Unvermeidlichkeit, eine Nation zu sein, Asendorf 1988

20 a. a. O.
21 Aus: Die Welt Nr. 205, 1990
22 Erich Loest: Der Zorn des Schafes, Künzelsau und Leipzig 1990
23 Dieter Wildt: Deutschland deine Sachsen, Hamburg 1965
24 Aus: Rheinischer Merkur Nr. 15, 1964
25 Erich Loest: a. a. O.
26 Aus: Der Spiegel Nr. 5, 1990
27 Aus: Peter R. Hofstätter: Differentielle Psychologie, Stuttgart 1971
28 Aus: Manfred Koch-Hillebrecht: Der Stoff, aus dem die Dummheit ist, München 1978
29 Aus: Thomas Rosenlöcher: Schneebier, Leipzig 1988
30 Aus: Frankfurter Allgemeine Zeitung Nr. 208, 1990
31 Heinz Czechowski: Kein näheres Zeichen, Gedichte, Halle/Leipzig 1987
32 Aus: Hans-Peter Lühr und Hasso Mager (Hrsg.): a. a. O.
33 Helene von Nostitz: August der Starke, aus: Festliches Dresden. Die Stadt Augusts des Starken, Frankfurt am Main 1962
34 Dieter Zimmer (Hrsg.): Mein Sachsen. Ein Lesebuch, Erlangen/Bonn/Wien 1990
35 Giacomo Casanova: Die Erinnerungen des Giacomo Casanova, München und Leipzig 1911
36 Aus: Gerhart Hauptmann in Selbstzeugnissen und Bilddokumenten – dargestellt von Lothar Tank, Reinbek bei Hamburg 1959
37 Theodor Fontane: Von zwanzig bis dreißig, Leipzig 1968
38 Karl May: Winnetou, Karl-May-Verlag, Bamberg 1951
39 a. a. O.
40 Ehrhard Heinold (Hrsg.): Typisch sächsisch: allerlei zum Nachdenken, Schmunzeln und Lachen, Frankfurt am Main/Wien/Berlin 1983
41 Ehrhard Heinold (Hrsg.): a. a. O.
42 a. a. O.

43 Aus: Hans-Peter Lühr und Hasso Mager (Hrsg.): a. a. O.

44 Johann Gottfried Seume: Spaziergang nach Syrakus, München 1991

45 Ehrhard Heinold (Hrsg.): a. a. O.

46 Aus: Damen-Conservationslexikon (Hrsg. K. Herloßsohn), neu vorgestellt von P. Kaeding, Berlin 1987

47 Lene Voigt: Säk'sche Balladen, Reinbek bei Hamburg 1978

48 Ehrhard Heinold (Hrsg.): a. a. O.

49 Aus: Bucher's Dresden, München 1990

50 Helene von Nostitz: a. a. O.

51 Emile Durkheim: Der Selbstmord (Hrsg. R. König), Neuwied 1969

52 Aus: Bucher's Dresden, a. a. O.

53 Aus: Jurij Brezan: Herkunft und Standort, Bautzen 1981

54 Aus: Damen-Conservationslexikon, a. a. O.

55 Novalis: Schriften, 1. Band, Hrsg. P. Kluckhorn, R. Samuel, Stuttgart 1977

56 Gunter Bergmann: Kleines sächsisches Wörterbuch, Leipzig 1986

Literatur

Andersen, Hans Christian: Reise nach Dresden und in die Sächsische Schweiz, Dresden 1947

Anekdotenlexikon, Frankfurt am Main 1984

Bergmann, Gunter: Kleines sächsisches Wörterbuch, Leipzig 1986

Bucher's Dresden, München 1990

Deutschland. Portrait einer Nation, Bd. 9, Gütersloh 1990

dtv-Atlas zur deutschen Sprache, München 1978

Frank-Planitz, Ulrich (Hrsg.): Kleine Geschichten aus Sachsen, Stuttgart 1990

Heinold, Ehrhardt (Hrsg.): Typisch sächsisch: allerlei zum Nachdenken, Schmunzeln und Lachen, Frankfurt am Main 1983

Kaltenbrunner, Gerd-Klaus (Hrsg.): Was ist deutsch? Die Unvermeidlichkeit, eine Nation zu sein, Asendorf 1988

Loest, Erich: Völkerschlachtdenkmal, Hamburg 1984

Loest, Erich: Der Zorn des Schafes, Künzelsau und Leipzig 1990

Lühr, Hans-Peter, und Mager, Hasso (Hrsg.): Sachsen im Herzen. Literarische Streifzüge durch die Landschaft zwischen Erzgebirge und Elbe, Husum 1989

Reimann, Hans: Oswin, der ertrunkene Hering, Hanau 1986

Rosenlöcher, Thomas: Schneebier, Leipzig 1988

Sachsen und seine Geschichte. Sachsenbuch, München 1990

Schneider, Wolfgang (Hrsg.): Leipziger Demontagebuch, Leipzig und Weimar 1990

Schöffler, Herbert: Kleine Geographie des deutschen Witzes, Göttingen 1984

Voigt, Lene: Säk'sche Balladen, Reinbek bei Hamburg 1978

Wildt, Dieter: Deutschland deine Sachsen, Hamburg 1965

Zimmer, Dieter (Hrsg.): Mein Sachsen. Ein Lesebuch, Erlangen/Bonn/Wien 1990

Personenregister

Adelung, Johann Christoph 23, 143
Adenauer, Konrad 26
Albert v. Sachsen 43, 101
Albrecht der Beherzte 120, 129, 151, 179, 191, 195
Arnold v. Westfalen 120
August II. (der Starke, König v. Polen) 33 f, 84, 87, 121 f, 126, 197
August III. (König v. Polen) 36, 84, 126, 197
Bach, Johann Sebastian 27, 140, 157, 197
Bahner, Louis 69
Bakunin, Michael 60, 166
Bart-Ćišinski, Jakub 167
Bebel, August 61, 199
Benn, Gottfried 152
Bergmann, Gunter 149, 151, 177 f
Biedenkopf, Kurt 84, 134, 200
Bismarck, Otto v. 57
Bloch, Ernst 55
Bötticher, Georg 150 f
Böttger, Johann Friedrich 35 f, 144
Brecht, Bertolt 34, 139
Březan, Jurij 169
Brockhaus, Friedrich Arnold 72
Brühl, Heinrich v. 37, 126 f, 197
Büchner, Georg 30
Campe, Joachim Heinrich 172
Casanova, Giacomo 126
Chiaveri, Caetano 36
Cosel, Anna Constanze v. 123
Czechowski, Heinz 99
Delors, Jacques 137
Demosthenes 45
Dinglinger, Johann Melchior 35
Duden, Konrad 72
Durkheim, Emile 162 f
Eberhardine v. Bayreuth 123
Ermisch, Hubert 176
Ernst, Kurfürst 120, 129, 151, 195
Fontane, Theodor 133
Freud, Sigmund 18
Friedrich August I. (König v. S.) 24 f, 39, 101, 198

Friedrich August III. (König v. S.) 40 f, 51, 85, 102 f, 112, 115, 134, 198
Friedrich August I. (d. Starke) 24, 33 f, 37, 84, 87 f, 96, 101, 123, 126, 143 f, 160 f, 175, 197
Friedrich August II. 36, 84, 166 f, 197
Friedrich August III. 37 f, 198
Friedrich d. Große 37, 127, 178, 197
Friedrich d. Weise 33, 59, 134 f, 196
Friedrich Wilhelm I. 48
Furtwängler, Wilhelm 138
Gaus, Günter 61
Göschen, Georg Joachim 72, 153
Goethe, Wolfgang v. 16, 19 f, 75, 127, 146, 187, 198
Gottsched, Johann Christoph 19
Grillparzer, Franz 154
Händel, Georg Friedrich 27
Harnack, Adolf v. 76
Hart, Jürgen 5, 55, 152
Hauptmann, Gerhart 127 f
Hegel, Georg Wilhelm F. 15
Heine, Heinrich 29
Heinrich I. 121, 143, 195
Heinrich v. Eilenburg 32, 195
Heinrich v. Meißen 154
Hellpach, Willy 76
Hennecke, Adolf 99
Herder, Johann Gottfried v. 15, 157, 198
Herfurth, Klaus Edgar 67
Heuss, Theodor 27
Hockauf, Frieda 99
Horch, August 68
Huch, Ricarda 176
Humboldt, Wilhelm v. 128
Jacobsen, Leonore 76
Janka, Walter 97
Johann Friedrich 146
Johann Georg III. 160
Kaendler, Johann Joachim 175
Kästner, Erich 35, 40 f
Kaltenbrunner, Gerd-Klaus 57 f, 61
Karl d. Große 31, 142
Karrte, Wolfgang 11
Kaufungen, Kunz v. 151 f
Keler, Hans v. 119
Kippenberg, Anton 72
Kleist, Heinrich v. 38
Kleopatra 120
Königsmarck, Aurora v. 33, 122 f
Körner, Christian Gottfried 173
Konrad d. Große 32
Krause, Rudolf 121, 191
Kretschmer, Ernst 52
Kroetz, Franz Xaver 21

Kuby, Erich 57
Leibniz, Gottfried Wilhelm 27, 49
Lessing, Gotthold Ephraim 27, 135, 140, 145 f
Lichtenberg, Georg Christoph 45, 110
Liebknecht, Wilhelm 60
Lippold, Adolf 65
List, Paul 72
Loest, Erich 44, 47, 63, 67, 69 f, 95 ff
Luther, Martin 27, 33, 58, 146, 158, 196
Luxemburg, Rosa 45
Masur, Kurt 53, 137
Maurer, August Salomon 154
Maximilian I. 65
May, Karl 55 f, 140 f
Mehring, Franz 133
Mendelssohn-Bartholdy, Felix 138, 157, 198
Menge, Marlies 96, 183
Merten, Kilian 165
Mickel, Karl 79
Mitscherlich, Alexander und Margarete 128
Moritz, Graf v. Sachsen 148
Moritz, Kurfürst v. Sachsen 146 f, 196
Mostar, Gerhart Herrmann 40
Münzer, Thomas 59
Napoleon I. 25, 38, 198
Nietzsche, Friedrich 27, 42
Nikisch, Arthur 138
Nostitz, Helene 161
Novalis 27, 174
Otto d. Reiche 64, 84
Pascal, Blaise 120
Pawlow, Iwan 48
Perikles 128
Permoser, Balthasar 175
Pöllnitz, Karl Ludwig v. 123
Pöppelmann, Matthäus Daniel 176
Ptolemaios 31
Pygmalion 77
Reclam, Anton Philipp 70 f
Reimann, Hans 22, 41, 49, 63, 107, 142
Reisch, Linda 16
Repgau, Eike v. 59
Richter, Jean Paul 159, 167
Ringelnatz, Joachim 81, 125
Röller, Wolfgang 68
Rosenlöcher, Thomas 78 f
Rosenthal, Robert 76
Rudolph, Wilma 45
Rühle, Günter 174
Schelling, Friedrich Wilhelm J. 58
Schiffner, Christian Albert 178
Schiller, Friedrich 74, 173, 198
Schladebach, Julius 158
Schneider, Wolfgang 53

Schöffler, Herbert 50, 54, 103, 153
Schommer, Kajo 73
Schopenhauer, Arthur 75, 166
Schreiber, Matthias 36
Schumann, Robert 27, 157
Schwarze, Gerd 81 ff
Semper, Gottfried 60, 164, 199
Seume, Johann Gottfried 153
Soumagne, Ludwig 163
Staël, Madame de 159
Strauß, Franz Josef 26
Stuckatz, Frithjof 83 ff, 132
Talleyrand, Charles Maurice de 46
Thietmar v. Merseburg 121
Thomasius, Christian 124
Tschirnhaus, Walther v. 35, 144
Tucholsky, Kurt 13, 19, 104, 115
Uttmann, Barbara 170 f
Vaats, Arnold 86 ff, 169
Voigt, Lene 155 f, 187
Voltaire 179
Vulpius, Christiane 19
Wagner, Richard 27, 60, 157, 165, 199
Weber, Carl Maria v. 157, 164, 198
Widukind 31
Wildt, Dieter 68, 110
Winckelmann, Johann Joachim 166
Wolzogen, Ernst Ludwig Frhr. v. 50, 153
Zahn, Peter v. 32, 51
Zimmer, Dieter 125
Zwerenz, Gerhard 24